以撒・柏林

葉浩──著

導言

◆哲學與政治

每年十一月的第三個星期四，是「世界哲學日」。

聯合國科教文組織（UNESCO）訂立這個日子，賦予了哲學這歷史最悠久的人類知識探索活動嶄新且重大的國際使命：促進不同文化之間的理解，從而學習如何共存，攜手尋求國際社會當前所面臨的各種政治、經濟與環境的共同挑戰。

且看二〇一二年世界哲學日當天，科教文組織總幹事博科娃（Irina Bokova）的發言：

面對錯綜紛雜的當今世界，哲學思考首先需要我們謙卑下來，從自己立場退後一步，參與理性的對話，並針對我們所無法左右的挑戰，共同提出應對的措施……我們遇到的困難愈大，愈需要通過哲學來理解和平與可持續發展的問題。

……哲學的多樣化是我們培養兼具包容與寬容的全球公民意識之最大財富。面對無知以及不寬容的泛起，哲學有助於相互理解。

我們會發現，哲學不但被賦予了一個推動世界和平與人類永續發展的重任，也肩負著促進全球公民意識的使命。

哲學之所以能承擔、回應人類共同問題的首要理由，在於作為一種反思活動，以自身想法或錯誤為前提，因此在智識上必須謙卑，再展開與異己的真誠對話。一方面分析、挑戰人類共同未來的重大問題之癥結所在，一方面排除自己的盲點，並確認彼此的看法與價值排序，從而確立可能的出路與選項。

政治（Politics）一詞淵源於古希臘的「城邦」（Polis）概念，對柏拉圖與亞里斯多德等人而言，對政治的探討就是對正義國度的追尋。

現代主權國家的政治發展出比過去更複雜多元的面貌，研究者思考的政治現象涵蓋巨觀的統治原則到微觀的身體規訓，而致力於思索政治「應然面」的政治哲學因此有其急迫性。舉凡新科技帶來的各種倫理議題、全球暖化與貧富差距的加劇、國際間的互動原則以及經濟危機時的互助合作、共同和平的維護與人類尊嚴的捍衛，乃至戰爭期間與之後重建過程的正義，全都涉及了「自由」、「平等」、「正義」等核心概念。

結合了上述兩者的政治哲學，正是對政治的本質與其相關概念的系統探究，關乎自由、平等、民主、主權、權威、正義、意識形態……等等。儘管這世界的現象流變不息，我們還是可以透過掌握政治哲學的基本面貌，掌握一切最根本思考的基礎。

◆政治哲學的翅膀

對亞里斯多德這些古代哲人而言，政治哲學的必要無庸置疑，因為它與人類理性動物的本質以及幸福人生的追求密不可分。

我們如果無法掌握政治哲學的核心概念與論述，恐怕難以清楚把握二十世紀迄今的重大社會變遷，諸如：法西斯政權的崛起、極權體制裡的平庸之惡、冷戰的意識形態對峙、全球青年的造反與叛逆、種族與性別平等的追求、全球化與新自由主義的逆襲、宗教基本教義與極右派勢力的崛起、數位利維坦與監控社會的誕生……等等。在愈趨渾沌的時代裡，我們愈需要政治哲學的洞見。

政治哲學將促進我們表達自身立場和參與國際對話的能力，善盡我們身為國際社會或世界公民社會一分子的責任。更重要的是，政治哲學素養的普遍提升，能夠讓一國之內意見相左甚至對立的公民進行理性的對話、走出對立，且能在清楚各種選項以及價值排序的前提之下，尋求真正的共識或適當的妥協。

本叢書正是在如此背景與期待下誕生，分為兩系列，第一個系列以思想家為主題。意在為讀者開啟一扇門，深入一個思想家的人生與思想歷程，見證一個心靈的偉大，見證一個時代的發展。

第二個系列則以觀念為主題。柏林曾引述德國詩人海涅的話語，指出觀念的威力足以摧毀一個文明，因而用觀念史的眼光、以觀念為軸心，考掘與爬梳政治哲學中的核心概念，考察它在跨時代背景下的發展與影響，得以讓我們掌握哲學漫長的歷史演變、內涵，分析人類共同未來的重大問題之癥結所在。

◆人類真的可以活在一個沒有政治的世界嗎？如果不可能，那什麼才是更好的政治？

無論最終的解答是什麼，我們都需要為自己的想像力安上翅膀，而那雙翅膀就是思想的洞見。

當人們開始想像集體美好的可能，政治的哲思就開始了運作，政治哲學就不再是多餘的頭腦體操，而是一種必要。

一九七一年，在反體制的熱潮裡，約翰・藍儂吟唱出了他的〈想像〉（Imagine），要眾人認真地想像一個沒有宗教、國家、戰爭與私人財產的未來。

雖說我們可能也如藍儂唱的那樣，始終是個「夢想家」（Dreamer），但在清楚各種選項以及價值排序的前提之下，尋求真正的共識或適當的妥協，確是歷來夢想家，也是未來夢想家們鍥而不捨追求的最完美境地。

——獻給更美好的未來。

序

本書是筆者對於英國政治思想家以撒・柏林的詮釋，或說一種詮釋性的理論重建，也能當作一本政治哲學導論來閱讀。

柏林當年關切的議題，亦即不同文化傳統與意識形態之間在理論與實踐上的各種衝突，不僅仍是當前人類亟須面對的問題，他所提出的因應策略，對我們來說依舊值得參照。更重要的是，柏林處理此一問題的方式，開啟了一個至今仍盛行於英語世界國家的「分析政治哲學」傳統，許多政治哲學導論書籍或課程，都是從他對於「自由」的概念分析開始介紹起。

本書是筆者對於柏林的理解，唯一的指引是柏林自己。

柏林本人關於一個人如何閱讀另一個時代的思想家、如何進入那個思想家的心境，並看到他真正想捍衛的世界觀或願景，才是我依循的詮釋方法。同時，我格外看重柏林對政治理論的屬性與方法論告誡，也特別從這角度來分析他本人如何建構理論，再將上述關於閱讀以及理論方法兩者的洞見結合起來，去推敲：柏林究竟試圖透過書寫在讀者身上達成什麼閱讀效果？

對此，筆者的理解是：讓刺蝟成為狐狸——或至少讓刺蝟理解另一隻刺蝟，從而學會與刺蝟相處！（柏林曾以「狐狸懂的事很多，但刺蝟只懂一件大事」來區分兩種不同的思想家）柏林常說，人如果想閱讀，就該讀跟自己想法不一樣的人寫的作品。許多人以為那是一種「知己知彼，百戰百勝」的策略，但筆者的理解卻是，這是出自一個價值多元論者的深切告誡，也是其希望所在：閱讀異己既是拓展一個人想像力的方法，也是培養同情、理解異己的特殊時刻。如果說一個自由主義者是能夠接受價值多元作為事實，甚至以此為理想來捍衛的人，那麼，閱讀是一個讓人最有可能暫時放下自己、進入另一個人的（內心）世界的方法，除非這人本來就是隻狐狸。

這正是本書對於柏林的終身關懷之理解，並關乎他所懷抱的自由主義願景能否實現之希望所在。透過閱讀史上的各種政治思想家，即使不變成狐狸，人們內心住的也將不只是一隻刺蝟，於是眾人將更有可能願意溝通、寬容並尋求和平共處的妥協之道。

事實上，筆者見到的頂尖政治哲學家，無論立足於政治意識形態光譜上的哪一點，雖然待人上多半謙讓，思想上卻幾乎都是刺蝟，狐狸甚少。閱讀柏林多年下來，筆者因此逐漸體會到柏林這二分法的用意深遠，也更期待自己能從一隻偏愛大理論的刺蝟，變成如柏林一般的狐狸，或至少能欣賞其他的刺蝟。

這並不代表本書照單全收柏林的所有想法。例如，關於自由，筆者認為不僅可以理解成「門開愈多愈好」的消極自由，以及「指向特定一扇門」，宣稱那就是真正自由的積極版本，亦可理解為「如何走向那一扇門的方法」——或許這才是左派真正在意的實質自由。

另一方面，本書也針對價值多元論作為一種「事實描述」的基礎提出質疑。柏林其實欠我們一個關於價值存在的本體論。當然，他在意的是人們的真實道德經驗，但也許那些內心剛硬或堅信只有自己認定的價值，才是唯一真正價值的刺蝟，從不會感到兩難，更不會從異己的視角來理解他們。換言之，大多數刺蝟就像那些裝睡、叫不醒的人，他們不會跨出第一步來理解另一隻刺蝟，更別說想像狐狸的世界觀。

也許正因為困難，所以才算是一種希望。無論如何，本書的首要目的在於提供一個關於柏林思想輪廓的描繪，並藉此讓讀者理解他諸多書寫與關懷的連結。因此，筆者不意圖在此嘗試解決他思想遺留下來的未解問題。

相關的更進一步批評及未解的問題，也許只能留待日後，以更完整的學術專書來解決。必須強調的是，那將是柏林思想的延伸建構，而非「以作者的語言來理解作者」——亦即柏林所建議的閱讀原則，所能達至的書寫目的。

以撒・柏林

目次

以撒・柏林

以撒·柏林

｜第一章｜

鐵幕之內，
你會爭取「消極自由」
或退回「內在碉堡」？

> 當我站著打量周圍二到三呎厚的牢固石牆、一呎厚的由木頭和鐵製成的門、透進光線的鐵柵，我不得不感到體制的愚蠢，彷彿把我當成可堪囚禁的血肉軀……即使有道石牆橫梗於我和鎮民之間，他們想和我一樣自由，還得翻過或打破另一道更難翻越、更難打破的牆。我片刻也不覺得被囚禁。
>
> ——亨利・梭羅，《公民不服從》[1]

根據當代著名政治哲學家亞當・斯威夫特（Adam Swift）所言，[2]整個二十世紀英語世界政治思想學界，引起最多討論的一篇文章莫過於英國思想家柏林（Isaiah Berlin, 1909-1997）的〈自由的兩種概念〉（Two Concepts of Liberty）。後來單獨成書的這篇文章，原本是柏林於一九五八年接任牛津大學「齊契利（Chichele）社會與政治理論講座教授」的就職演說文，後來與另外三篇文章集結成《自由四論》（*Four*

Essays on Liberty）一書。[3]自該書一九六九年出版以來，柏林的「消極」（negative）與「積極」（positive）兩種自由之區分，幾乎是政治學界所有討論「自由」概念的起點。

柏林著作等身，其書寫範圍包括語言分析哲學、人文與社會學科的方法論、啟蒙與反啟蒙運動的思想史等學術書寫，以及文學評論、時事分析與人物側寫。此外，他也是一位公共知識分子典範，終其一生透過難以計數的演講與廣播來捍衛個人自由，並提醒人們留意各種承諾解放但實際上卻出賣了人身自由，乃至犧牲個人性命的各種遠大政治願景。

正因其學術關懷的歷史縱深與議題廣博及公共參與，讓甫從哈佛大學甘迺迪政府學院轉任中歐大學校長的葉禮庭（Michael Ignatieff）教授，多年來對柏林推崇備至，並曾於一九九八年出版了《自由主義思想大師：以薩・柏林傳》（*Isaiah Berlin: A Life*）。該書不僅取材自他多年來訪談柏林的錄音，還有當時尚未出版的書信，不僅公認為傳記文學的一本經典著作，至今亦是研究柏林政治思想不可或缺的文獻。[4]

柏林常說，理解一個過去的思想家，別無他法，唯有順著他的語言和語意，試著進入作者的心境，並想像其視野所見，從而試圖掌握其欲捍衛的價值或世界觀，方能達致——因為，一位思想家提出的問題或答案，無論如何抽象，都是鑲嵌於特定歷史脈絡之中的具體關懷，其嚴密的邏輯、複雜的推論背後，往往不過是一個簡單的人生觀或世界觀！

想必柏林本人也會希望人們以同樣的方式來理解他。據其自述，他的世界觀曾在一次不期而遇的邂逅之後，歷經重大轉變，且從此回不到過去。此言若真，今天的我們在認識柏林的思想旅程時，似乎必須認真對待那一場邂逅。

◆玻璃窗外的另一個自己

時間是一九四五年，地點在現今的聖彼得堡（St Petersburg），該城曾於列寧過世的一九二四那年改為「列寧格勒」（Leningrad），直到蘇聯解體之後才由市民於一九九一年投票恢復舊名。柏林邂逅的對象是人稱「俄羅斯詩歌的月亮」的女詩人，安娜・艾哈邁托娃（Anna Akhmatova, 1889-1966）。

年長柏林二十歲的女詩人，是俄國詩壇的現代主義代表，其夫婿也是文學上的風雲人物。一九一七年十月革命爆發之初，她堅決不遠走他鄉，寧願死守祖國，並且如此形容當時逃往英國的友人：

> 你是一個叛國者，為了一個蔥綠之島而
> 背叛，是的，背叛了你
> 生於斯長於斯的土地，
> 拋棄了我們所有的歌謠與聖像
> 以及寧靜之湖上的那一片松林

一九二一年，艾哈邁托娃的夫婿古米廖夫（Nikolay Gumilyov, 1886-

1921），遭受蘇聯政權以「反革命陰謀」罪名處決。底下是詩人對當時風聲鶴唳環境的形容：

黑暗之中，正當恐懼染指一切
牽引月光走向斧頭
一聲敲響，突然傳自於
牆後——是鬼，是賊，還是鼠輩……

不意外，她的書寫隨後被蘇聯當局禁止出版，理由是：作品背離人民、缺乏思想、充滿資產階級無病呻吟的頹廢風格。至於她的兒子則被捕入獄，羅織的罪名是：不願意承認父親的歷史錯誤！

柏林與詩人邂逅於二戰結束不久。此前，柏林先後任職於英國駐紐約的新聞部（Ministry of Information）與英國駐美大使館，原以為有機會獲派至舊金山參與聯合國的成立工作，結果卻接獲了借調至莫斯科的指令。整個戰爭期間，情資蒐集是他的主要工作，而借調到此的原因，一方面是因為英國外交部看重他的政治判斷長才，一方面則是他們亟需一個信得過且通曉俄語的人，負責回報當時日益詭譎的東歐政局。

柏林生於沙皇俄國的里加（Riga），也就是當今波羅的海三小國之一的拉脫維亞首都，共黨革命期間隨父母四處輾轉，直到一九二一年才定居於倫敦的猶太區。隔年，他考上了著名的聖保羅公學（St Paul's School），然後進入牛津大學就讀，不但畢業即留校任教，更於隔年當選了堪稱「牛津的牛津」之「萬靈書院」（All Souls College）院士。熟稔外交，通曉俄語且帶有濃厚英國學究味的柏林，正是派駐莫斯科的一時之選。

上任後的柏林之所以來到列寧格勒，並非念舊想看看童年住過的城市，而是為了逛書店尋找革命之前的俄羅斯書籍與文物。然而，經由友人的介紹，他卻見到了來自那逝去年代的真實人物艾哈邁托娃，也就是俄國文學史上所謂「白銀時代」的詩壇祭酒。此時的她，窮困至極，鐵幕底下的唯一希望寄託在結束七年勞改營生活，才剛返家的兒子，兩人相依為命。

邂逅的當天，訪客不只柏林一人。進門時，女詩人起身迎接，映入這位政治思想家眼簾的是一位頭髮略白的女士，其端正莊嚴的容貌和優雅的舉止，與家徒四壁的屋子呈現了某種違和感。他們的談話頗為拘謹，議題圍繞在牛津的學院生活與倫敦如何撐過戰爭之上。初來乍到的柏林雖然熱愛歌劇、小說與古典音樂，但對蘇聯時期的新詩卻所知有限，因此偶有狀況外的尷尬。不過，這絲毫不減兩人想單獨對話的渴望，只是中間攪局的人也不少，例如邱吉爾的兒子（柏林在牛津大學時代就認識的朋友）就突然冒出來，要他趕回飯店一趟，幫他轉告櫃檯記得把魚子醬放在冰塊上。

直到子夜，兩人終能對坐，艾哈邁托娃開始朗讀起拜倫（Byron, 1788-1824）的《唐璜》（*Don Juan*）。詩人讀出來的英文雖然不太好懂，柏林卻能完全感受到她的情緒起伏以及壓抑，其濃烈的程度甚至讓他幾度必須望向窗外。隨後，她也唸了一首未完成的詩，聽在柏林的耳裡，那題為〈沒有主角的詩〉的作品，宛如詩人寫給自己的訣別書。（未料，此詩在多年後正式出版時，主角改成了一位「來自鏡子後面的訪客」，也就是柏林他自己！）凌晨，他們的話題則往返於無所寄託的私人情感與民族國家的命運，也深入談論了俄國古典文學，並各自點評名家之作，發表自己對藝術與美學的看法。

柏林直到隔天中午才回到飯店——聽說他在睡前一度大聲呼喊：

「我戀愛了！」

◆拉長冷戰的前線：另闢一個政治思想的戰場

事與願違，雖然雙方都說此一邂逅徹底改變了自己，一場轟轟烈烈的跨國戀愛卻不曾開始。根據艾哈邁托娃的回憶錄，當晚的柏林根本是來收服她的唐璜，但他們終究發乎情、止於禮，柏林也在隔年回到牛津。他們的邂逅成了一樁美談，紐約時報專欄作家布魯克斯（David Brooks）最近甚至以此來闡釋何謂「柏拉圖式純愛」。[5]

根據澳洲學者克勞德（George Crowder）的看法，柏林的轉變包括兩個層面。[6]首先，雖然柏林之前對蘇聯政權並無好感，但目睹自己愛慕之人被如此糟蹋，讓他對極權主義產生了感同身受的厭惡。換言之，就算童年短暫的共黨體驗稱不上國仇家恨，此時卻真的有了私人恩怨。再者，艾哈邁托娃親眼目睹了蘇聯當局如何摧毀革命前的俄國文藝傳統，柏林也透過她終於見識了極權體制如何摧毀一個文化。

這兩點當然是事實，不過，仍不足以描述柏林世界觀的具體翻轉。在此之前，他是典型的牛津院士，缺乏生活基本技能，但畢竟在學術上是一位能夠左擋馬克思主義，右抗邏輯實證論的分析哲學家。他真正回不去的其實是過去讓他在牛津建立起學術聲譽的「日常語言哲學」（Ordinary Language Philosophy），亦即邏輯實證主義（logical positivism）色彩濃厚的一種分析哲學。

讓我們再進一步解釋：戰前開始流行的「牛津日常語言哲學」，基本上秉持英國的經驗論（empiricism）立場，認定經驗世界之外並不存在一個人類知覺感官不能察覺或感知觸及的神秘世界，因此強烈反對主張世界的本質乃「觀念」（idea）而非「物質」的觀念論（idealism）形上學立場。例如黑格爾倡議的版本，就認定人類歷史的背後，存有一種比經驗世界更高階、更真實的「絕對精神」或「世界精神」，驅動著萬物走往特定的方向。

牛津哲學的反唯心論傾向，在柏林的朋友兼對手艾爾（A. J. Ayer, 1910-1989）引入邏輯實證論（logical positivism）之後，走向了極端，不僅反形上學，更企圖把哲學轉化為一門科學，主張唯有能夠轉化為經驗上可檢測的命題，才是值得深究的哲學問題。據此，與上帝相關的所有問題都毫無意義，因為祂的存在本身無法驗證。涉及根本價值的議題也是如此，道德語彙的使用不過是一種情緒的表達，跟腳趾被踩到而喊痛一樣，性質上無異於生理反應。可想而知，如果有人試圖跟艾爾討論許多神學家與法政哲學所信奉，高於所有人類制定的法律之超時空「自然法」（natural law），所得到的回應將可能是：「呃，那是什麼東西？可以吃嗎？」

柏林認同經驗主義，也喜歡牛津哲學對於語言精確的強調，且同樣相當排斥黑格爾式那種詞藻晦澀以及過於華麗的概念體系，但，卻難以嚥下蔚為風尚的邏輯實證論。[7]對他而言，道德價值與政治理念不僅本身重要，更是構成人類社會不可或缺之物，相關的哲學思考絕不可草率化約為「科學」問題。事實上，這也是他的第一本專書，亦即出版於一九三九年的《馬克思》（*Karl Marx*）之核心論點。撇開細節不說（本書第七章會詳述），柏林雖然贊同馬克思對人類現實生活的看重，但，把所有社會與政治議題化約為「經濟」問題，或將一切道德貶為「階級利益」的修辭，則無法接受，因為那過於極端、遠離了事實。

更重要的是，列寧格勒的那場邂逅讓柏林親眼目睹了另一種思想的誤用。牛津日常語言哲學的誤用不過是理論的層次，其危險之處僅止於建構一套不好的理論，其他論者可以在理論的層次做出反駁，外溢到現實生活所產生的危險有限。畢竟，人類的道德追求與困境不會因為艾爾及其追隨者的理論而消失；即使有人真心相信這一套理論，並從此放棄道德語彙的使用，也不代表自己的行為不會受到道德評斷。

然而，蘇聯政權所凸顯的思想危險，卻是存在於「理論」與「現實」之間的層次，且關乎無數人的生死。其危險可能源自於理論本身的錯誤，亦即誤導人們去相信錯誤的理念，也可能來自於落實的方式，例如為了將（或許）正確的理論或高尚的理想強行進行到底，因此把人當作工具來使用，甚至是通往理想的一種障礙，必須清除。致力於建構抽象理論系統的傳統政治哲學家，向來不談論此一層次的問題。革命家也是如此。

除此之外，艾哈邁托娃的處境也揭露了另一種的思想危險。雖然不同於身邊向共黨低頭、輸誠的友人，但剝奪出版自由並無礙於她繼續寫詩創作，甚至能在屋子裡與人談人生聊藝術，徜徉於寬廣的文學領域；

換言之，極權底下仍存在一種小確幸的生活策略：讓自己與外在的政治世界隔絕，退回自己的屋內或更安全的內心世界，過著一種愜意的生活，依然能感到自由自在——關鍵，就在於怎麼理解「自由」！

◆消極自由及退回內在碉堡的策略

柏林於一九五七年接受牛津大學的講座教授職位。期間，他致力於俄國思想家以及啟蒙運動的研究，亦曾出版了一篇膾炙人口的文學評論〈刺蝟與狐狸〉（The Hedgehog and the Fox）。該文以古希臘詩人阿爾基羅庫斯（Archilochus, 680-645 BC）所說「狐狸懂的事很多，但刺蝟只會一件大事」，來區分思想家，然後聚焦於托爾斯泰（Tolstoy）的作品之上，認定他是「一隻想當刺蝟的狐狸」。

事實上，柏林的論證特色於此定型：藉由二分法架起一個分析框架來討論具體的個案。他的名著《自由的兩種概念》也是如此。根據柏林的二分：

「消極自由」（negative liberty）：指涉一種「不受外力干涉」（free from interference）的狀態。

「積極自由」（positive liberty）的追求：旨在「當自己的主人」（being one's own master）或說「自主」（autonomy）。

讓我們先聚焦於消極自由之上。此刻必須注意的是，上述的界定乃最抽象層次的理解，單純作為一個「概念」，然而從比較具體的層次理解時，它可以涉及不同的事物與主體。例如，「人」可以作為一個抽象概念，從生物層次理解為靈長目人科人屬的直立行走物種，從性別來區分男人與女人，或從年齡來區分嬰兒、幼童、少年、青年、中年、老人，也可由國籍來區分中國人、台灣人、日本人、韓國人等等——當然，亦可稱他們全部為亞洲人，但此時則必須有歐洲人、美洲人等區分作為對照才有意義。

不同的分類仰賴不同的判準，且每個判準皆採取一種特定的角度來觀看，柏林所謂的「消極自由」也不例外。「不受他人的干涉」在具體層次上主要指涉的主體是「個人」，而「他人」則可以是另一個人，整個社會，自己的國家或政府——原則上主體當然也可以是「群體」，而相對應的「他人」則是其他國家的人或政府，甚至是外星人，但這不是柏林的首要關切。

柏林提醒讀者，「不受干涉」是一種「空間」概念，而且可以有大小或程度多少之分。消極自由愈多，也就是一個人擁有隨意做自己想做的事情之空間愈大。他也曾以「門」作為比喻來說明：開放的門愈多選項就愈多，一個人的消極自由則愈大。[8]具體而言，無論是門或空間的比喻，其實都隱含一種「關係」的存在，而根據柏林所聚焦的消極自由主體，主要指涉底下三個層次的關係：

一、個人與個人。
二、個人與社會。
三、個人與國家之間。

是故，消極自由作為一個社會或國家所能給予個人的空間，涉及上述三個不同層次的「群己權界」之劃分。西方現代社會對於這種權界的劃分，通常採取立法的方式來明文規範。籠統地說，法律保障愈多，或政府管得愈少，人民也就愈自由。更精確一點而言，個人的消極自由之範圍則端視其與他人、社會、政府三個層次之間的實際關係而定。當然，作為一種關係也意味著沒有人可以享有無限度的消極自由，畢竟，人的自由可能彼此妨礙，正如人人都有走同一條路的自由意味著不可能所有人都在同一時間走同一條路。

柏林常說：「狼群的自由，經常意味著羊群的死亡。」[9]此話除了印證上述的「關係」解讀之外，似乎也包含：唯有保障弱勢者一個絕對不能侵犯的空間，才能保障其消極自由，也唯有保障人民擁有絕不受政府侵犯的空間，人民的個人自由才算安全。姑且不論可能對個人造成威脅的其他個人或社會大眾，柏林心中的「狼」主要是指政府。這不意外。西方的「法治」（the rule of law）概念本身包含底下幾個核心意涵：法律明文保障基本人權；政府所作所為必須符合法律；法律的制定不可違背基本人權；任何受法律制裁的行為，必須事前有明文規定該行為違法。[10] 法治概念本身暗示了公權力的危險，並假定公權力是現代國家中最可能干涉個人自由，也最難以抵抗的外力。

極權主義（totalitarianism）就是一個公權力介入人們的「所有」（total）生活領域，「所有」生活領域的國家體制，在此，不受政府干涉的消極自由所剩無幾，作家或藝術家的創作題材與內容將會受到嚴格監控，甚至查禁。生活在這樣的國度，人民爭取消極自由等同想要從當局設下的界限當中突圍，是一種對政府權威的直接挑戰，過程中勢必要付出昂貴代價。

然而，倘若人們都採取了本文開頭那一段引言所宣稱的態度呢？那是美國作家梭羅（Henry Thoreau, 1817-1862）描繪他自己因為公民不服從行動而被捕入獄時的心境：銅牆鐵壁打造的監獄也關不住我「自由的靈魂」！

歷史上不少自由鬥士也做過類似的陳述，相信讀者並不陌生。如果說得通，那想必我們可以接受一種與「行為受到限制」相異的「不自由」想法，且此一想法的背後必然隱藏著一種與消極自由不同的自由觀。

更重要的是，思想力量的高貴與危險，也在此時一同浮現。

| 第二章 |

「積極自由」可彰顯人類尊嚴也可作逃避現實的手段

教授書房內悄悄培育出來的哲學概念，足以摧毀一個文明！

——海涅（Heinrich Heine, 1797-1856）

引起風暴的，是最靜默的文字。鴿子的腳捎來的思想，統御了整個世界。

——尼采（Friedrich Nietzsche, 1844-1900）

梭羅採取了個人式公民不服從行動，去抗議政府支持蓄奴以及攻打墨西哥，為的是對得起自己的良心，且不讓自己成為邪惡政權的共犯。當他在牢房裡高喊自己比外面的人更加自由時並非自欺，因為雖然行動受到了限制，但他的思想的確不受社會傳統規範。「自由」一詞之所以適用於監獄內外的人，是因為有不同的界定。採取不同的界定，對同一件事亦有截然不同的理解，甚至截然不同的行動策略。

對柏林而言，歧義性乃政治語彙的特徵。但多數人似乎並不如此作想，反倒傾向視他人的理解為一種誤解。尤有甚者，在特定的歷史情境底下，採取不同方式理解「自由」的人，甚至會互相妖魔化對方。

柏林進行〈自由的兩種概念〉就職演說的一九五八年也是如此。正值資本主義與共產主義兩大陣營劍拔弩張的冷戰之中，標榜科學理性中立的政治科學家與國際關係專家，忙著提供各種權力消長的分析，或強化己方實力乃至如何達成恐怖平衡作為一種和平的各種策略，官方或主流傳媒則經常舉著意識形態大旗打擊對方，甚至無所不用其極地醜化、妖魔化對方，藉此提高自己的政權或意識形態的正當性。

如果一個教授書房裡安靜培養出來的思想足以摧毀一個文明，那麼，或許有另一位教授能挽救一個文明。接任英語世界最富盛名之政治思想講座教授的柏林，即將以此證明自己為何能坐在那個位子上。他的具體做法是一舉從最抽象的思想層次來把握冷戰格局之爭議所在：西方資本主義民主國家捍衛的是不受他人干涉的「消極自由」，蘇聯為首的社會主義共產陣營則是追求一種「積極自由」。

這是冷戰時代所亟須，得以讓對峙雙方彼此理解的理論框架。當然，並不排除〈自由的兩種概念〉本身也是一篇檄文，畢竟「理解」不代表放棄「批判」，而事實上柏林也不諱言自己站在捍衛消極自由的一方，且該文意圖指出積極自由具有高度危險性——但，他並不全面否定後者，同時也直指前者不該在任何時刻都可以被無限上綱。

◆積極自由是一種心智活動的成就

本章旨在進一步理解積極自由。作為一個「概念」，積極自由不直接訴諸於外在——例如圍牆、他人或法律——限制或干涉來界定自由，而是涉及一種觀看自己的方式，關乎「自我」的理解，以及如何去追求或實踐這一個我。以柏林的話來說，「自由的『積極』意義來自於人們想成為自己主人的渴望」，❶也就是想要有一個能自己作主，不依賴他人，也不依靠任何外在的力量，凡事靠自己，依據自己的信念與動機來行事，不受人擺佈，過自己當主角的人生。這似乎這也是讓梭羅上述說法得以成立的自由觀；對他而言，他的內在是自由的，因為有自己的思想，寧可坐牢也不屈從權威，可說是政府認證的獨立自主。

欲確切掌握積極自由與消極自由的區別，上一章關於「門」的比喻是個方便的起點。消極自由是一種愈多扇門開放就愈自由的概念。積極自由則剛好相反，它是一種指向特定一扇門的概念，且門口往往刻著：「通往真正自由的（唯一）道路！」括號裡的「唯一」兩字其實相當關鍵。作為檄文的〈自由的兩種概念〉，既然認定蘇聯政權的意識形態也追求一種自由，除非這種自由本身有危險或其他瑕疵，否則難有批判的角度或施力點。共產主義支持者捍衛的正是他們斷定為「真正值得」追求的自由理論，這種想法其實具有高度排他性，隱藏一種相信自己的才是唯一正確，但難以證實為真的假定。

再進一步解釋，消極自由主要指涉一種存在的狀態，人們在此狀態之中可以不採取任何行動，亦即只要門是對著他開放，一個人無須做出選擇，也不用費力起身走向特定的一道門，他就算是享有自由。相反，積極自由包括底下三個條件。首先，追求者本身必須有清楚的自主意識，明白自己在做什麼，在追求什麼。再者，他所追求的事物，乃一己之決定，因此也是一種自我意志（will）的展現，而非某種自己不能抗拒的因素所導致，無論這因素是外力逼迫或惰性、恐懼、懦弱等內在的性格，或人格特質之缺陷。最後，積極自由涉及關於「自我」的兩種不同狀態之理解：行動者所追求的不外是成為一種特定想像的自我，因此自由的追求乃是一種試圖讓現有的自己改變，成為那個想成為的自己之過程；換言之，積極自由的追尋必然涉及一個「理想自我」的想像，而追求的過程就是讓自己朝向那個自己轉變。

是故，積極自由的實踐過程乃走向特定一道門的過程，門只有一扇，走向它就是「自我的實現」（self-realization）——積極自由的另一個名字！那當然也是一種必須經由自己努力才能取得的成就，不同於消極自由可以得自於他人的授權或授與。不意外的是，處於極權之下的人們也必須努力才能取得消極自由，且往往要付出極高代價，而單打獨鬥似乎也難以成功爭取。反之，積極自由則是一種允許單憑己力就可達致的成就。或許這也是柏林擔心的理由。無論如何，其預設條件意味著人的高貴，也蘊藏一種危險的可能。

讓我們從人的高貴開始。讀者可見，上述三個條件的前兩個，其實蘊含一種世界觀，也可說是關於人的本質為何的「人論」，兩者的共同指向是人與物的根本差異：人是具有能動性（agency）的生靈，不同於大自然界的其他動物或無生物，後者的行為乃天性使然且無選擇可能，缺乏自主意識，不可能明白自己的行動理由，也無從為其後果負起責任。

柏林的就職演說之前言，其實意在闡明此事。他開宗明義地區分了「人類歷史」與「僅僅是自然事件」（mere natural events）之差別。[2]前者是人根據自己的意志所採取的行動之後果，出自於特定的行為者之動機或理由；後者則指那些受制於因果關係的自然界事件——所謂的「因」與「果」，不外乎兩個事件存在一種必然連結，亦即「凡X產生則Y必然伴隨而來」的定律般關係。當然，人的身體是自然界的一部分，跟動物一樣會餓、會渴。但，我們可以選擇食物的種類，烹調的方式，也可以為了更高的目的而拒絕進食，這一切都是屬於「人類」的事，不屬於自然界領域，也因此不同於自然界的因果關係，不能以因果定律或機率來解釋。預設了人類能動性的積極自由，誠然是一種高貴的自由。

◆受壓迫者的酸葡萄心理及精神勝利法

柏林無疑認為積極自由可以是個相當高貴的概念，除了本身預設了人類與動物的差別之外，它也是彰顯人性尊嚴的一種方式。首先，作為一種理想，因為積極自由永遠指向一個更高貴的自己——永遠高懸於彼岸，比現在的自我更理性、高尚，也更真實。以古希臘的斯多克學派（Stoics）為例，根據柏林在〈從希望與恐懼當中解放〉（From Hope and Fear Set Free）一文的進一步闡釋，他們追求的是一種完全理性、完全自我掌控的生活，企圖根絕所有一切非理性內在因素的影響，例如對於不存在事物的莫名恐懼，或來自於妄想、潛在記憶乃至於不復記憶的傷心往事等因素產生的怨恨。對他們來說：

一、事物與人皆具有本性，一種獨立於他們自己認知之外的根本結構。

二、這些天性或根本結構，受普遍法則的管轄，不會改變。

三、原則上人們可以理解此類結構與法則，不再盲目行事，也避免徒勞無功的努力。❸

據此邏輯，一個人的真正自由，在於理解自身的天性與事物的法則之後，順應它們，而因為世界本身是個有規律的理性結構，所以順應萬物的真正法則也就是順應理性。成為自己的主人，於是也就是成為一個理性的人。追求自由因此也是理性的鍛鍊；唯有當我們的主觀認知與外在的客觀真理達成一致，內心不再與世界有扞格不入的感受，人才算達致真正的自由。

就斯多克學派的理想而言，感受到自己與世界的衝突，其實是一種不自由，一種缺乏理性所致，個人和宇宙的和諧一致，或說「天人合一」，才是人類自由的最高境界。追求的過程之中，我們必須不斷地與內在的缺陷搏鬥，無論敵人是非理性、慾望、揮之不去的記憶，乃至於藏於潛意識底下隱隱作祟的那個自己。如此戰鬥就算勝利也不會持久，而失敗不只再一次讓我們確認敵人的狡詐，也必須為了理想或自己的尊嚴，再戰！毫無疑問，這也是一種人性尊嚴的展現。

不過，替換一下場景，如此的尊嚴可能會走味。回想一下詩人艾哈邁托娃的例子，處於當下情境的人，回應政權壓迫的方式可以採取拋頭顱灑熱血的積極對抗，但也可以徹底投降，然後以一種姿態告訴自己：他們可以剝奪我的外在一切，但永遠奪不走我的內在知識、理性、良心、尊嚴等等。換言之，外在對抗的可能轉化為一種內在對抗——依舊高貴，依舊是戰鬥，只是敵人成了另一個自己！柏林稱諸如此類的回應方式為「退回內在碉堡」（retreat to the inner citadel），[4]一種「內在移民」（inner emigration）[5]的策略——後者也是另一位猶太政治思想家漢娜·鄂蘭（Hannah Arendt, 1906-1975）形容多數德國人民面對納粹政權的方式之用語。[6]對於柏林而言，這或許是一種出於「酸葡萄」[7]的心理，因為自己的無力（或無意願）對抗政權的壓迫，才轉為採取安全做法，一種無須流血犧牲的方式。其目的不外乎在於斷絕自己與外在的關係，以徹底避開政治的方式避開政治迫害，採取面向內在的策略來回應無法直視的外在世界。

這無疑是一種精神勝利法！根據柏林的思想史考察，積極自由理念的提出，往往出現於如此亂世之中，作為一種同時保全自己的性命與尊嚴之策略。斯多克學派其實就是如此。西方各種禁慾主義與東方的佛教之興起，出現於十七世紀法國的寂靜主義（quietism）基督教派，以及同時期德國的基督新教路德宗虔敬主義（pietism）也是如此。

不僅如此，斯多克學派其推論過程把自由等同於「理性」，理性則是正確「理解」事物的原理以及宇宙之結構，因此也就是「順應」因果定律的能力，所以真正自由的提升一眨眼就轉變成理性能力的鍛鍊。柏林說，這根本是一種思想的「戲法」（sleight of hand）！[8]消極自由之不可得，所以改為追求積極自由，而且把自由從不受干涉的基本意涵一轉手變成了自我規訓（self-discipline），其速度遠比毛蟲蛻變成蝴蝶還快。對此，柏林則說：「自由就是自由，不是平等，不是公平，不是正義，不是文化，也不是人類幸福或者平靜的良心。」同時不厭其煩地提醒讀者，得不到自由就把另一種可得的東西稱作「自由」於事無補，僅徒增概念的混淆，原本要不到的東西仍然不在手上，此舉不過是自欺欺人。[9]

◆作為系譜學之《自由的兩種概念》

至此，我們方能明白柏林區別兩種自由的用意。區別是為了讓我們能正視在具體的歷史脈絡之中究竟失去什麼？換取了什麼？以及看清自己的真正動機。

生活於一個消極自由受到保障的國度，追求更理性自主、更真實的自我，是一種出於主動的「自我實現」（self-fulfillment）理想，同時也是消極自由的實踐。但亂世之中，因為自身無力對抗外界，甚至失去了一切的外在希望，轉為追求政治條件底下仍然可得的事物，則是一種被動的生存之道。消極的人可以退回自己的屋子，享受文學、音樂與藝術，嚮往內在安寧，情況允許的話也可追求風花雪月的消遣，甚至對政治事務嗤之以鼻，認為自己遠較試圖採取行動抵抗政權的人清高優雅。積極進取一點的人則可專注於「自我主導」（self-direction）[10]能力的提升，努力培養理性或某些不涉及外在世界的內在品格，甚至藉由屢敗屢戰的自我規訓來證實自己的存在、尊嚴依舊。激烈一點的自我規訓者，或可能直接認定「自我」乃一種假造出來的東西，正如菩提本無物，唯有「自我棄絕」（self-abnegation），[11]甚至徹底拋棄「自我」，才能進入無我的真正自由之最高境界。

柏林筆下的「自我實現」與「自我棄絕」可以被理解成「自我作主」的光譜兩端；前者是種積極進取精神的展現，後者則是一種消極到乾脆放棄「自我」概念的生命策略。至於某一人追求積極自由時，究竟是積極進取或消極逃避，唯有還置於具體的歷史脈絡之中，並慮及追求者本身的心態與動機才能確認，不能單憑其所訴諸的版本內容來斷定。畢竟，政治現實可能極端到追求積極自由乃僅存的維護人性尊嚴之方式，也可能僅是一種默認政權殘害少數族群的逃避方式。

熟悉尼采《論道德的系譜》（*On the Genealogy of Morality*）之讀者，想必此時能感受到《自由的兩種概念》在書寫方式的相似之處。[12] 尼采的系譜學基本上是一種結合抽象概念分析與歷史的書寫，藉由描繪特定歷史脈絡底下的人，在某種權力關係底下的可能心理狀態，來回溯道德以及不同的價值（概念）之緣起。之所以是「緣起」而非「起源」，乃因前者指涉事物產生的偶然性，後者則指向單一的源頭，但根據尼采的理解，世上不存在一個普世的道德，而實際存在社會上的人倫常理（倫理）其實都源自特定的歷史因素與心態，因此沒有「單一」的起源可尋——是故，關於倫理道德的追本溯源必須以「系譜」作為想像，才能正視其偶然性與不同的來源。

簡而言之，尼采想像中的道德原初狀態，存在強者與弱者兩種人，而道德出現於他們的偶然相遇。對強者們而言，在競賽或鬥爭之中勝出就是「好」（good），敗者為「差／壞」（bad），而他們之所以高貴乃因為他們敗陣下來的時候會誠實認輸且稱讚對手，並試圖讓自己更強。反之，卑賤心態的弱者在碰上強者的時候，因為敵不過對方只好採取退縮的方式，稱對手「邪惡」（evil），自己則是「良善」（good）。他們不思如何讓自己成為強者，反倒開始建構起一套道德語言，好的字詞都是適合描述自身的，壞的則套用在強者身上，且目光總是放在對方身上，並透過比較對方的差異來證明自己的優越。

根據尼采的歷史考察，基督教正是弱者創造出來的典型。相較於追求好還要更好，體現出貴族精神的斯巴達文化，基督徒面對政權壓迫時無力反抗卻宣揚「柔弱」才是「力量」、受難才是福氣，甚至卑微者才是真正高貴，因此，整套基督教倫理就是弱者自欺欺人的說詞，根本是一種奴隸道德的典型。

他們視為創造自己的「上帝」，其實是無能的弱者幻想出來的「自己人」。把被釘上十字架的耶穌當作「救世主」，則更是一種弱者自我投射並藉此翻轉自身真實社會地位的最極致展現。

相較於當時高度抽象且去脈絡的牛津分析哲學，〈自由的兩種概念〉一文似乎更像關注歷史脈絡與人類心理狀態的《論道德的系譜》。柏林與尼采一樣強調思想的力量，而採取二分法來評述具體脈絡當中或許成為對立的兩種選項之做法，更是他們兩人的共同論證策略。

積極與消極自由的二分是歷史事實，因此針對兩者的概念分析並不僅是一種抽象哲學的旨趣，此外也是柏林身為一個政治思想家企圖介入冷戰格局與政治現實的具體行動。換言之，柏林對自由的概念分析，並非旨在建立單一或最後的理解，而是呈現那些歷史上實際出現過的理解種類，並據實針對不同的自由概念做出正確的評價。也唯有採取這種書寫方式，才能揭露積極自由在現實上存有不堪的一面，其目的不在於落井下石，而是提醒我們：積極自由的實際追求並非全都同等高貴，而必須視具體的情境而定，特別是消極自由存在與否，且必須慮及當事人是否因為追求消極自由的代價過高才轉向積極自由，甚至因為某些積極自由也難以實現，所以便宜行事、自欺欺人！

| 第三章 |

人類自由的背叛者：允許「強迫自由」的盧梭、黑格爾的「歷史決定論」

自由的根本意思是不受束縛、不受監禁、不被他人奴役。其他的都是這意思的延伸，或隱喻性的說法。

——柏林，《自由四論》❶

把某人的實際追求與選擇和假定他如果是另一種人，或未來才會變成的那一個人，所可能會選擇的事物之間畫上等號，是一種極其可怕的假裝，也是所有主張「自我實現」的政治理論之核心想法。

——柏林，〈自由的兩種概念〉❷

當我們將〈自由的兩種概念〉理解為一種系譜學書寫時，閱讀的焦點必須首先放在兩個層次之上：

一、思想家如何藉由理論與實踐來回應自身所處的時代。

二、概念或理論本身，也就是去脈絡化之後的內涵。

接著，透過對於兩個層次內容的分別爬梳，我們可開始視覺化這兩個層次的各自發展路線與轉折，一方面分析思想家的心境與策略，一方面掌握不同自由概念的抽象結構，以及自由概念如何與其他價值概念結合成理論。最後，腦海裡將浮現一幅具有歷史向度的概念風景。

這一幅相當立體的風景，包含三個思想層次，從最抽象的自由「概念」，到結合其他概念而成的「理論」，以及最有具體層次的「實踐策略」，也涉及兩種時間向度，一是人類歷史的軸線，關乎不同概念或理論被提出的時間點，另一則是同一概念在不同時間點的蛻變過程，因此掌握起來頗為挑戰讀者的耐心與想像力。

不過，作為系譜學的〈自由的兩種概念〉有更重要的意涵。正如尼采的系譜學之首要目的並不在於歷史的描述，而是為了讓人理解有些人們以為理所當然甚至「必然」的事物，其實不過是歷史的偶然性產物，無論是一種受到壓迫的反應，或試圖自欺欺人的舉動——其目的在於批判。

無論如何，指出某種思想的歷史偶然性，足以解消人們原以為那是天經地義的確定性甚至神聖性；指出某一種思想如何指鹿為馬或將黑的講成白的，更是揭露其自欺欺人的本質。柏林的就職演說一開始便提及有些教授的理念足以毀掉一個文明、區分自由的兩種概念，並指出積極自由的危險甚至藏有欺人的成分，而這就是他回應冷戰的共產極權之方式。我們已經理解斯多克學派的積極自由概念如何蛻變，也看到什麼情境底下此一自由是一種逃避策略，本章則旨在說明積極自由的最危險之處，不僅是蛻變，而是可以翻轉，成為一套以自由為名義來奴役他人的政治修辭！

◆翻轉吧，自由概念！看盧梭教我們怎麼做

事實上，柏林接任牛津大學講座教授之前，已開始建構人類自由的

系譜。期間最重要的書寫莫過於處理歷史決定論的文章，以及他於一九五二年二、三月在英國國家廣播電台（BBC）第三台（Third Programme，即Radio 3的前身）所做的系列演講「自由及其背叛」（Freedom and its Betrayal），關乎六位「人類自由的敵人」：主張人類天生就是趨樂避苦的艾爾維修（Helvétius, 1715-1771）、提出「社會契約」與「人民主權」理論的盧梭（Rousseau, 1712-1778）、兩位德國唯心主義者費希特（Fichte, 1762-1814）與黑格爾（Hegel, 1770-1831）、社會主義經濟學家聖西門（Saint-Simon, 1760-1825），以及法國大革命之後卻仍強烈捍衛君主制度和階級社會的邁斯特（Maistre, 1753-1821）。[3]

根據學者克勞德的解讀，他們其實可以分為三類。[4] 徹底反對個人自由的邁斯特是一類，對他而言，充滿暴戾之氣的人類需要的不是解放，而是抑制其惡劣本性發揮。致力於科學研究來謀求人類幸福，但漠視個人自由的艾爾維修與聖西門也是一類。前者根據其人性主張，認為趨樂避苦的人民唯有藉由法律扮演蘿蔔與棍棒的功能，才能使其行為真正符合自己的利益、獲取幸福；自由與教育根本無效，所以不是重點所在。聖西門同樣相信菁英統治，認為唯有技術官僚才能帶領社會進步，而所謂的進步乃走向工業發達的社會；於是政府必須採取符合人性的有效管理，讓社會的不同階級都能努力工作，藉由理性社會計畫來促進經濟的整體生產與效率。對他而言，人民要的是麵包，而自由不能當飯吃！

至於另外三位，也就是柏林最為關切的一類，他們不是人類自由的公開敵人，也並非因為在意社會整體發展而忽略個人自由的科學家，而是比誰都大聲呼喊自由，比誰都絕對捍衛自由，但按照他們的政治主張來做，將一步一步把人類帶往自由的相反情況：奴役！

他們就是柏林口中「人類自由的背叛者」，始作俑者不是別人，就是比誰都愛自由的盧梭。對柏林而言，費希特與黑格爾基本上都是延續他開啟的思路，往前多走了幾步。當然，黑格爾走得比較遠，且建立起一座概念巨塔讓所有住在裡面的人都成了歷史的奴僕，也因此本章第三節留給他。此刻，讓我們先聚焦於盧梭身上，據他所說：

> 為了使社會公約不至於成為一紙空文，它默許一種規定，即任何拒絕服從公意的人，全體就可迫使他遵守——唯有如此規定才能使其它法令具有力量。這也等於說，人們可以強迫他變成自由……

這一段話出自盧梭的《社會契約》，也是政治哲學界所謂「強迫自由」（forced to be free）的說法之由來。[5] 柏林在節目當中提及盧梭向來熱愛「悖論」（paradox），而且把這當作是化解「自由」與「權威」同時存在的表面衝突之解套方式，其關鍵就在於援引了「社會契約」（social contract）的推論邏輯。[6]

「社會契約」乃源自於霍布斯（Hobbes, 1588-1679）與洛克（John Locke, 1632-1704）的英國政治思想傳統，至今仍是西方政治哲學主流。[7] 其核心乃一套關於人們為何會從「自然狀態」（state of nature）走向社會或組成一個國家的政治邏輯。

霍布斯與洛克兩位社約論者的最大差異在於，前者認為國家形成以前乃草木皆兵、人人為了生存必須奪取有限資源而處於恆常戰爭狀態，根本沒有個人財產的累積可能；洛克對自然狀態的想像則基督教色彩濃厚，不但認為上帝創造的世界乃資源豐厚，人人得以享受，也能累積個人財產，而且具備了理性的運作，只是理性不足的人們將會為了如何交易與分配、該採取哪樣的道德原則、如何理解自然法的內容而爭吵不已，因此仍然需要政府的存在。

姑且不論上述細節差異，此一思想傳統假定社會乃一群人透過自主協議過程之後所共同簽訂契約（或說公約）而組成，其目的不外乎為了：

一、保護人們在尚未組成社會之前就已經擁有的東西，例如生命、自由，甚至（如果洛克正確）財產。

二、提供原先所處狀態不可能確保的東西，像是和平、穩定、安全。據此，提供上述這些保障，就是人民組成國家之根本目的，也是成立之後的主權者（亦即統治者）之首要責任。

盧梭的心思縝密之處，在於他發現這兩位英國思想家把人們唯有在社會生活當中才能出現的習性，置入了自然狀態的描述當中，例如：貪婪、競爭、虛榮、自私以及財富的追求……等等，是本末倒置。另一方面，他本人則替此一思維傳統增添了一個新的面向：社會契約邏輯其實包含了社會整體必要時可以強迫個人接受公意的默契。所謂的「公意」（General Will）指的是真正符合公共利益的集體意志，與「眾意」（will of all）不同，因為後者不過是所有著眼於自身利益的「個人意志」（individual will）之總和。盧梭的想法是，與公意不符合的個人意志必然是一種受到自私或非理性因素所轄制的想法，本身即是一種不自由，因此，當國家或社會集體強迫個人去接受真正符合全體利益想法的時候，嚴格來說，是讓他承認那個倘若沒受到非理性因素捆綁的自己也會同意的想法，等同於將他從那個錯誤且狹隘的自我之中解放出來，等同於讓他自由，讓他的「真我」（the true self）得到發聲、重新掌控自己的機會。

柏林承認，盧梭的解套方式相當巧妙，因為那把原本應該在「個人自由」與「政治權威」之間尋求如何妥協（compromise）的現實難題，轉化為一個抽象思想層次上如何達成化解（reconciliation）的理論問題。但，其實此舉比斯多克學派將自由轉化為理性的自我規訓還糟糕，近乎邪惡，因為這根本就是概念的掉包，將「自由」一詞的意思徹底翻轉成必然與它對立的「奴役」實質。這是一種思想的背叛！

◆積極自由裡住著一個人格分裂的自我

讀過歐威爾小說《一九八四》的人一定記得裡面有個政府機關「真

理部」，專司思想宣傳與歷史文獻之改寫，並配合政黨利益假造真理，也應該難以忘記這部門所在的高樓上方，刻著「戰爭即和平；自由即奴役；無知即力量」。[8] 柏林關於盧梭的書寫，旨在揭露這種口號背後的合理化過程。這種理論猶如魔笛吹奏出來的音樂，美妙而動聽、引人入勝，然而跟著樂曲走的人最後卻都來到了一座監牢，而且都相信自己才是自由的！

柏林在〈自由的兩種概念〉當中再次提及了盧梭上述的方案，並直指「服從即自由」（obedience is freedom）正是他的口號，而引君入甕所仰賴的主要是底下的獨特見解，亦即：「服從自己所制定的法律」，才是真正的自由！[9]

關鍵當然在於那個「自己」究竟該如何理解？進一步解釋，首先，盧梭認為現代世界的社會化過程不過是一個讓人遠離自己的過程，原本在自然狀態底下所呈現的那種獨立、自主，不依賴他人的本性與自己，全都墮落成一個自私、貪婪、嫉妒、愛慕虛榮、隨時著眼於他人目光、致力於表面功夫的自我。是故，如何撥亂反正，讓人再次彰顯出高貴人性的獨立自主，成了盧梭的思考起點。

當然，英式社會契約論欲保障的個人自由，以及洛克版本所通往的商業社會，是問題的源頭，不是答案！出路在於重新簽訂社會契約，也就是制定一套真正符合「公意」的法律。因為這樣的法律是當所有人都返璞歸真時，將會共同制定且完全合乎客觀理性，而非主觀慾望的法律，所以當公權力強迫人們接受其規範，嚴格來說那不是「外力」，而是來自那個掙脫了現代枷鎖的「真正的自我」所簽訂的契約——「成為真正的自己」。積極自由概念，也於焉誕生。

盧梭並非沒有道理。或許危險之處在於聽起來很有道理，也合乎邏輯，且一旦我們接受前提，就必須得接受結論。此外，相較於消極自由的樸素，單憑肉眼看見一個人被囚禁在監獄之內，就認定他不自由，盧梭的心思似乎細膩許多，既可以在多數人認為理所當然之處看見（受制於慾望和他人眼光的）「不自由」，也能在一般人以為不自由的情況當中看見（成為真正的自己才能有的）「真正自由」。

毫無疑問，這種想法本身表達對於人性尊嚴的肯定，也是對人類理性與進步可能的一種正面態度，至於其中所仰賴的邏輯推論，乃至於推論過程的嚴謹與繁複步驟，更是深深吸引嚮往精緻概念、崇尚高深理論的思想家。柏林相當能體會如此的思想誘惑。不過，他也提醒人們別忘記一件事情：所有積極自由的說法都是一種「隱喻」（metaphor），但始於一種「無害的隱喻」，卻可能終於一種危險的政治理論。[10]

猶記本書第一章提及柏林早於二戰之前開始關心哲學的論證方法，且秉持看重人類自身經驗的英國經驗主義的立場，一方面反對德國觀念論思想，一方面駁斥邏輯實證論，因為前者要我們相信有個比經驗世界還真實的神秘世界，甚至一個支配著我們的平行宇宙，後者則否認人生中任何道德兩難的真實性，並將之視之為庸人自擾的情緒問題。此時，他告誡我們，倘若把隱喻當真且運用於政治領域，將可能造成無法彌補的災難！

無論如何，「成為自己的主人」是個隱喻。積極自由的支持者首先採取一種特定的人論，並且據此將自我裂解為受到奴役的「假我」與具備自我意識的「真我」。接下來，他們會提出一種策略或做法，使自主意識的我可以保持不受另一個我的干涉或轄制，甚至可進一步來控制、降低他的影響，抑或徹底地消滅他，讓真我與假我最終歸於一個。柏林稱此一論證方式為「分裂人格」（split-personality）的隱喻。[11] 看在像他這樣的經驗主義者眼裡，這不過是一種比喻，並非真的存在「兩個」自己，而是一個人其實可以採取不同的觀點來審視自己、判斷事情。

事實上，把隱喻當成實際的話，每個人都是雙重人格的心理病患。然而，思想深奧的政治哲學家似乎樂此不疲。對柏林而言，這是極其恐怖的一種「假裝」，即使是替人設想，於是他提醒：

一、採取此一隱喻來解說各種非理性或下意識因素如何影響人的自主性時，不該忘記這只是個「說法」，因為每個人都只有一個自我，非理性或下意識因，不過是其中的一部分或性格的面向（就算雙重人格的病患也只有一個肉身）。

二、雙重人格隱喻，意味著積極自由在概念結構上容易讓人重新界定「自由」，因而比消極自由危險。

◆如果歷史選擇黑格爾，那全人類非奴即僕

此一危險，在黑格爾這裡出現了另一種致命的轉折。採取雙重人格結構的自由概念，論證上必先將兩個人格塑造成一種對立，例如「理性的／非理性的」、「高階的／低階的」、「真正的／虛構的」、「應然的／實然的」等，再提出促成分裂的自我「復歸於一」的方法。作為一個抽象概念（concept），積極自由等於「自主」或「當自己的主人」，但，當人們開始思索如何落實它的時候，當中的「自己／自我」（self）

將必須進入比較具體的理論層次，涉及一種關於自我的理解（conceptions of the self）。

是故，積極自由通常以理論的而非概念的方式呈現，精彩之處也不僅在於雙重人格的論述，更在於如何達致對立的消解之上。盧梭藉由強迫自由來化解分歧，而這種分歧是存在個人與社會集體之間、顯而易見的行為，黑格爾則論將此一分歧轉化為自我與一般人難以察覺的「世界精神」（World Spirit）之間。

黑格爾的「世界精神」是個相當深奧的概念，可以從形上學、法政哲學、認知哲學等三個不同層次來分別理解為關乎「上帝」、「歷史」、「認知」等不同的事物，而且層次之間亦存在某種特定的「邏輯」關係，從抽象思考的形式邏輯到具體事物之間的必然關係之大邏輯，不一而足。

簡而言之，黑格爾的哲學是百科全書般的恢宏體系，談論的事物關乎宇宙的一切，而且將這一切全部置入一個概念巨塔之中。不過，撇開所有複雜的理論細節，上述三個層次全都具有同一個目的：自由！上帝的自由在於實現自己的存在（從「道」成為進入時間空間的具體實存）與創造本質（造物主）；人類歷史本身就是一個追求保障自由的過程，從家庭到公民社會再到國家的進程之中，保障的方式分別從血緣情感發展成道德約束，最後來到法治體系的建立，一步一步更加具體，也更加有保障；而個人的認知也可以藉由理解此一歷史的演進過程，知曉神所創造的世界都有其善意與目的，因此，人與人的衝突以及個人與所處世界的扞格不入，全都來自於對上帝美意的無知、對歷史進程的無知，[12]而理解之後不僅達成與他人、世界乃至於與上帝的和解——最後，造物主也將與自己創造的世界達成大和解。

套入雙重人格的結構之中，是無知的自我與世界精神產生斷裂才導致人在社會上彼此衝突，屬靈上與上帝的關係破裂，而唯有獲知真理，也就是修復了自我與真理之間的斷裂，才有自由。換言之，真正的自由，體現於自我與世界精神的無縫接軌，在身、心、靈上逐步體現人作為受造物的本質；法治底下，個人與社會上與他人和諧一致；明白並接受上帝賦予人類歷史的目的，達成自己與身處的時代之和解；屏棄「老我」，讓因上帝恩典而重生的「新我」與神的靈合一。

柏林認為上述的理論屬於「歷史決定論」（historical determinism），[13] 只是近乎神話（mythology）的一種。[14] 讓我們借用中國的流行語「歷史選擇毛澤東」來解釋柏林的批評。這當然是黑格爾式表述，同時意味著：歷史選的就是對的，以及毛澤東的勝利是正當且值得慶幸的。對柏林而言，此類說法有三個危險。首先，歷史被當作是個本身具有認知且會分辨是非的主體。誠然，倘若歷史指的僅是過去發生的事，那這句話必須還原為單純的「過去，毛澤東打贏了蔣介石」，而勝者不一定比較有道德正當性，除非加上其他事實，例如：「因為有人民的普遍支持」等。再者，此類說法猶如讓「歷史」——此時理解為過去所發生的事——成為判斷是非對錯好壞一切的判準，然而，這不過是「強權即公理」（might makes right）的另一種說法——無異於「勝者為王，敗者為寇」的邏輯！最後，這種說法也讓權力菁英乃至於革命分子方便對號入座，宣稱唯有自己掌握歷史的進程，也就是正確且必然的方向，從而以此為名義「解放」人民，將反抗的民眾視為阻礙人類進步的反動力量，若非需要思想改造，就是必須犧牲。

對柏林而言，這不過是以「自由」之名包裝赤裸權力的修辭，之所以可以如此則肇因雙重人格的概念結構。比起盧梭允許社會集體奴役意見相左的個人，黑格爾讓所有的人在理論上都淪為歷史的奴僕，實際上則如同以此史觀為權力基礎的共產政府所示——除了掌權者之外，人人非奴即僕！

｜第四章｜

啟蒙運動與反啟蒙運動：一場關於人類地位的方法論爭辯

歷史唯有透過概念才能理解與把握；然而，概念卻只能被歷史當中的人創造。

——尼采，一八八五年筆記❶

人是一種能自我轉變的生物，任何一組需求的滿足將改變其性格，且帶來另一種新的需求與生活方式：在上帝恩典的引導之下，或許出自於激情，或許源自於本身的缺陷，其存在即永遠不停地成長。

——柏林，《理念的力量》❷

前文提及，〈自由的兩種概念〉意圖替冷戰格局提出一個理解框架，而且他從最抽象的層次來把握兩大意識形態的對峙所為何事，對不同自由的追求是其答案。作為核心價值的「自由」，柏林的就職演說，容或不同的層次來理解，從概念到理論到具體的實踐方式或制度安排，不一而足。柏林稱最抽象層次的兩種理解為「概念」（concepts），而「消極」與「積極」兩種自由概念本身又容許不同的實踐方式，特別是後者，因其概念結構包括了一個雙重人格的自我理解，所以存在相當大的「理論」建構空間，以及與其他概念結合的可能，從「自我棄絕」到「本真自我」兩者之間有一個關於如何讓「自我」作主的光譜。論者可採取各種比喻或隱喻來想像這些自由概念的落實方法與完成的樣貌，以目前的政治哲學術語來說是「自由觀」（conceptions of freedom），而柏林本人則常用英語「vision」一詞來表述，不容易翻成中文，最接近的說法可能是「看法」，但其實指的是論者心中的那個想像世界之樣貌。

這一場經典的就職演說，大抵體現了上面尼采那一句話的要旨，同時也展現了柏林在此之前所學，包括思想史、政治哲學、語言哲學、哲學方法的各種研究，以及身為駐外人員對於現實政局的敏銳觀察。

正式上任牛津大學的「社會與政治理論講座教授」之後，柏林力求不愧於當時藉由詩人海涅（Heine）的話所揭示的自身職責，繼續獵尋人類自由思想的敵人，並以二十年的時間致力於關於啟蒙運動、浪漫主義，以及他所謂的「反啟蒙運動」等三股思潮之研究，進一步將二十世紀極權主義的思想根源追溯回十八、十九世紀思潮。這些研究不僅讓人見識了烏托邦美夢如何以極權主義的人間悲劇收場，也證實共產主義、法西斯政權乃至於納粹政權並非無從理解，而是積極自由結合其他概念蛻變之後，應用於政治領域的結果。

◆法國的啟蒙運動與維科的反啟蒙思想

柏林藉由思想史研究之中最引人注目的莫過於當時尚未引起學者關注的另一股思潮反啟蒙運動（Counter-Enlightenment）。[3]「反啟蒙運動」一詞並非柏林所創，此前已有學者使用過，且概念的歷史或可回溯至尼采對於現代性的批評之中。[4]不過，史學界將「反啟蒙運動」當作一種思潮來研究，的確是由柏林開啟。根據他的理解，反啟蒙運動作為一股具有反抗意識的思潮在時序上是介於啟蒙運動與浪漫主義之間，但其思想起源幾乎與啟蒙時代約略同時出現。

顧名思義，反啟蒙運動是針對啟蒙運動的一種對抗或反叛。根據柏林的理解，他們反抗的主要是十八世紀聚集於法國巴黎，以伏爾泰（Voltaire, 1694-1778）、狄德羅（Diderot, 1713-1784）、孔多塞（Condorcet, 1743-1794）以及盧梭等人為核心的派別，因為參與狄德羅所主編的《百科全書》（*L'Encyclopédie*）之撰寫，所以也被稱為「百科全書派」。[5]此一《百科全書》是十八世紀的偉大成就，其目的不外乎替人類知識做出系統性的整理。無疑，法國啟蒙運動者相信人類的全部知識可以形成一個「系統」——所有正確的概念與理論彼此之間必然和諧互不衝突，可以整理成一個龐大的邏輯連貫、概念一致的思想體系。

根據柏林，他們的思想主要有三大支柱。[6]首先，受到前一世紀伽利略（Galileo, 1564-1642）、笛卡爾（Descartes, 1596-1650）與牛頓（Newton, 1643-1727）在數學與科學領域的重大突破鼓舞，他們相信人類的理性徹底發揮之後，能夠完全掌握自然世界的實際運作。再者，他們認定世界的本質就是理性的，而且這個理性世界包括人類的身體結構以及社會的整體。第三，他們相信自然科學的方法亦可應用於人類世界，透過觀察、實驗以及邏輯演繹和歸納的方式，徹底理解個人生理、心理以及社會整體的運作原理。

綜而言之，人類世界與自然世界的原理相通一致，整個世界的運作就是理性的，恰巧人類的本質也是如此所以具有理解其運作的能力。採取「科學主義」（scientism）的法國啟蒙運動的獨特之處，不僅在於想像一個人的存在如同一部複雜的機器，受制於普遍原則與自然定律，也相信自然科學的方法可以運用於社會。以自然科學為榜樣的現代社會科學，於焉誕生，而且洋溢著一種樂觀主義！

約莫同時，現今位於義大利納不勒斯（Naples）出現了一位柏林稱為「過早誕生」（born before time）[7]的思想家維科（Giambattista Vico, 1668-1744），而他最為獨特之處在於提出了另一種知識的存在可能，恰好與法國啟蒙運動的思維對立。[8]他區分了兩種知識，一種得自於自然科學能進行研究並建立起的「外在」知識體系，另一種則是人類可藉由「想像重建」（fantasia）[9]能力所取得，關乎人類自身的「內在」知識。維科如此二分的真正用意，在於指出內在的知識遠比外在的更加可靠與明確。藉由科學方式取得的知識，例如關於山川湖泊或飛禽走獸，最多只能解釋或描述外在現象，但不可能「體會」它們的感受。相反，凡是人以及人為所建立的一切，諸如法律、章典與制度，繪畫雕塑與音樂，我們卻都可以感受與體會，因為，我們共同的生理認知結構確保了可以進入另一個人的心理，進而「同情理解」其行為之動機、意圖與目的之能力。換言之，人人都可以是行動者與觀察者，也因此彼此可以互相理解；即使作為研究之對象，因為本質上不同於其他非人類的生物或物體，研究的方法當然也不同。不採取這方式來理解他人，反而透過科學方式來研究，根本是知識上的捨近求遠、方法上的本末倒置。

另一方面，維科也指出法國啟蒙運動的科學主義，基本上缺乏歷史向度的理解。[10] 知識的典範對他們而言是不受時空影響，具普遍性、規律性且能以抽象或公式來呈現的數學或物理學。相反，維科認為人類世界基本上是一種歷史的存在，既是歷史產物，亦可創造歷史，因為人類作為神的受造物，不可能如同神般「無中生有」，具有的神性僅止於能夠從有中生有的創造，一方面表達了自我的獨特之處，一方面也反映了時代的特性，也就是生活環境所給定的一組條件。[11] 據此，「一切學問之女王」不是形上學，也不是神學，而是歷史！[12] 因為那是人類所能達致最真確的唯一學問。

◆「古典與現代之爭」的維科變奏曲

讀者或許會以為，此處爭辯的不過是兩種看待世界的方法，兩種知識的想像，法國的啟蒙運動思想家採取自然科學的觀點，維科則捍衛傳統的人文學科。熟悉西方近現代思想史者，不意外地也會想起十七世紀末興起於法國學術界的所謂「古典與現代之爭」（querelle des Anciens et des Modernes），處於文藝復興與啟蒙運動之間的學者，激烈辯論著以「印刷術、槍械以及指南針」為象徵的現代文明是否本質上優於古希臘羅馬的文學與藝術，前者是否只因「站在巨人肩上」所以才看得更高（的侏儒）。

至於讀過英國科學家與小說家斯諾（C. P. Snow, 1905-1980）名著《兩種文化》的人，勢必會將維科與法國啟蒙人士直接歸類，分屬於人文學科與自然學科兩種「文化」。[13]該書原先是斯諾於一九五九年（與柏林的就職演說同年）在劍橋大學的同名演說講稿，認為西方知識分子因為自然科學與人文學科而分裂，並且提醒英國教育界，雖然二戰因為優越的科學技術——電影《模仿遊戲》（*The Imitation Game*）有清楚交代天才數學家圖靈（Alan Turing）如何協助英軍破解德軍密碼——而勝利，但長期重人文輕理工的傳統總有一天會讓英國輸給美國與德國。讀過此一經典名著的人，或許也會直接請維科乃至於他的追隨者柏林對號入座，認為他們不過是不食人間煙火的哲學家。

事情並非如此簡單。維科的確試圖以其一七〇八年著作《論我們時代的研究方法》（*De nostri temporis studiorum ratione*）參與古典與現代之爭，不過，正如他的一七二五年鉅著《新科學》（*Scienza Nuova*）[14]書名所示，他的目的不是為了捍衛古典學，而是提出一種新的科學——藉此介入當時的神學爭辯。[15]

進一步解釋，基督宗教的《聖經》是維科所處的時代唯一的絕對真理，一切知識都以此為判準，與聖經教導違背者皆是異端邪說，即使當時的科學知識也是如此。維科的創見可歸納為：

一、宇宙萬物乃唯一真神上帝所創造，因此唯有祂能真正明白世界的運作原理和事物的存在目的；

二、作為上帝的受造物，人享有祂所賜與的自由、理性以及創造力，因此，發揮理性與自由創造力既是彰顯人性與尊嚴，也是榮耀神。

三、對於神所創造的自然界事物，我們的理解必然有限，且唯有靠聖經才能明白部分的真理，但是，對於文學、藝術、行動、制度等一切我們自己所創造的事物，我們的認識可以像造物主認識受造物一樣，達到真理的境界。

四、反之，採取科學方法認識自然界所得到的知識，當然不可能達至真理，因為這種外在的認識方法不可能碰觸到真正的原理。[16]

於是，《聖經》與「自然世界」之外多了一本值得閱讀，且唯一能夠真正感同身受的書：人類歷史！這一本書是彰顯人性與榮耀神的真實紀錄，因為人與人之間存在共通性，所以可以理解彼此，也因為人類存有對上帝的本能渴望，所以在正統神學以外也有各個不同民族以自己方式認識神的「世俗神學」，反映百花爭放的「詩樣智慧」，其知識的絕對位階當然低於「啟示神學」，但卻是我們所能真正理解與體會的知識。是故，維科高舉的並非古希臘羅馬時代精神，也非他們的文史哲作品內容本身，而是我們閱讀這些作品時所能得到關乎人類自身的知識，其確切真實乃科學所不可能達到的境界，不管對象是自然世界或人類所創的世界！[17]

同理，高舉維科也不等同於發揚其神學。事實上，柏林關於維科的研究，淡化了神學意涵，為的不外是捍衛蘊含於此一知識論與歷史研究方法之中的人類尊嚴，並回應上述的「兩種文化」論。柏林的要旨是，維科提出了人類知識的第三條路，通往比自然科學和傳統人文學科更接近真理的知識。

◆人與物不可「同類」而語，自然科學與人文學科的爭議

柏林最後一篇談論方法論文章〈科學與人文的分離〉（The Divorce between the Sciences and the Humanities），[18] 發表於一九七四年，是他關

於啟蒙與反啟蒙運動的總整理。該文開宗明義指出，人文學科與自然科學並非兩種「文化」，因為它們的研究對象具有本質上的不同，前者涉及人，而且是具有道德感與理性思維能力的主體，而後者的對象是物，是自然世界中無法與我們直接溝通，而我們也沒有能力可以體會其感受的萬物一切。因為對象不同，所需的研究方法當然不同。換言之，科學與人文不是研究同一事物的兩種觀點，而是各自擁有不同對象的研究方法，因此不該被視為以不同方式來體現同一智性追求的兩種文化。

柏林強調，這樣的分工早在十八世紀時就已經確立，而維科就是確立此一區分的先驅。他同時也指出，法國啟蒙運動實乃古老的「一元論」（monism）曲調之變奏。以他的話說，西方哲學思想自柏拉圖以降即難以擺脫底下這種看法，稱得上真正的「永恆哲學」（philosophia perennis），其核心包括三個預設：

一、所有真正的問題都只有一個正確答案，其他答案必定都是錯誤。

二、通往真理的路，必定存在而且可以讓人找到。

三、所有的正確答案或真理之間，必然互不相斥，並可形成一個連貫的體系。[19]

貫穿上述三個假設的是一種知識論觀點，不僅把一切存在視為一個「宇宙拼圖」（cosmic jigsaw puzzle），[20]同時也認定一種「全知」（omniscience）的視角之存在，找到之後不但可以掌握整個宇宙的秩序，也可以從中得知人類的生存意義與目標，因為，人類的應然秩序必然鑲嵌於真正的宇宙秩序之中。

採取科學主義的法國啟蒙運動，不過是讓自然科學取代上述類似上帝視角的功能；以科學實驗來確定「因果定律」即是打開宇宙秩序的鑰匙，同時也是理解人類道德以及政治秩序的關鍵。換言之，科學實驗取代了哲思冥想作為找尋真理的方式。伴隨而來的則是下述的認知：人類根本如同自然界其它事物一般，其一切行為與互動皆受制於單一的因果體系之中，封閉且環環相扣，沒有事物例外。[21]此一圖像之中，人不具特殊地位，或至少其特殊之處並不足以讓人類獨立於自然界的因果關係與定律之外，甚至讓人類「應該如何生活」這個關乎道德與政治的根本的問題之答案，也鑲嵌於宇宙秩序之中。反之，正如本章開頭的第二個引言所暗示，身為「人類思想史上最具膽試的創新者」[22]之維科，相信人乃上帝按照自己形象所造，因此具有可以比擬的自由意志與創造力，雖不能無中生有，但卻可從既有的事物之中進行創作，因此，人既不可與物同類而語，研究的方式也必須不同！

本書第二章提及，〈自由的兩種概念〉嚴格區別了「人類歷史」與「僅僅是自然事件」。雖然維科的知識論與方法論尚未直言人乃道德主體，具有自由以及責任的可能性，因此不該被化約為受制於因果鏈結之中的物。至此，讀者當然可以感受到柏林與維科兩者在思想的親近性，以及柏林為何多次書寫此一曾被學界徹底遺忘的思想家。在柏林眼裡，維科是個過早出生的原創思想家，是個反啟蒙運動的真正英雄。

據此，柏林似乎是個追隨維科的反啟蒙運動者。不過，讀者或許也可指出他曾經說過：「十八世紀最有天分之思想家所展現出來，在思想的力量、誠實、明朗、勇氣，以及對真理的純粹追求與熱愛，至今仍無人能及。他們的時代是人類史上最好、最有希望的年代之一。」[23]因此，柏林其實仍然相信啟蒙運動，否則就是自我矛盾。甚至，必然有人批評，他所理解的啟蒙運動過於狹隘。至少，以哲學家休謨（Hume, 1711-1776）及其好友經濟學家亞當．斯密（Adam Smith, 1723-1790）為首，群聚於愛丁堡大學的蘇格蘭啟蒙運動也存在，而德國的理性主義者萊布尼茲（Leibniz, 1646-1716）、觀念主義者康德（Kant, 1724-1804）和詩人歌德（1749-1832）以及前文提及的霍布斯、洛克乃至於提出效益主義（Utilitarianism）的邊沁（1748-1832）亦是公認重要的啟蒙運動思想家。[24]

事實上，柏林不會反對啟蒙運動存在內部差異，正如他重提維科為的就是告訴人們十八世紀的思想並非鐵板一塊，而是同時存在兩種不同的思想，隨後因為歷史的偶然性而讓他們各自發展成不同的社會與政治潮流。另一方面，柏林並非意在呈現歷史的完整面貌。他是個系譜學意義上的思想史家。就像〈自由的兩種概念〉目的不在於提出所有邏輯上可能或歷史上曾經出現過的自由概念，並予以分類，而是為了揭露那些鮮為人知的概念之連結以及蛻變，從而指出「自由」的敵人與背叛者。

更重要的是，柏林當可在認定啟蒙運動為「人類史上最好、最有希望的年代之一」之美好願景的同時，告誡人們其實踐過程也許極其殘酷。畢竟，藍圖是一回事，施工則是另一回事。一如理論上從自由出發，推論的終點可能是「強迫自由」。按照一幅美好藍圖來改造世界，如果理想與現實的差距太大，施工不僅是修改，還可能砍掉重練！在現實政治上，這意味的不只是理論層次的思想背叛，而是革命或極權主義。柏林關於啟蒙與反啟蒙運動的書寫旨趣，首要的確在於勾勒出幾條最後演變成極權主義的思想路線。

| 第五章 |

反啟蒙運動的日耳曼交響曲：歷史主義、浪漫主義與民族主義

> 對伏爾泰、狄德羅、艾爾維修、霍爾巴赫（Paul-Henri Thiry, Baron d'Holbach, 1723-1789）、孔多塞而言，世上只有一個普世的文明，不同的時間有不同民族代表它最繁華盛開的樣貌。對赫爾德來說，世上則存在眾多彼此不可共量（incommensurable）的文化。隸屬一個特定的社群，與其成員在共同語言、歷史記憶、習慣、傳統與情感，存在某種不可切割，也難以說得清的連結，是根本的人性需求，跟人們想吃、想喝、享有安全並生育後代的需求一樣自然。
>
> ——柏林，〈反啟蒙運動〉❶

根據柏林的最後一篇文章〈我的思想之路〉（My Intellectual Path），「一元論」與自由概念是他在戰後回到牛津教授哲學時的兩個主要關懷。❷讀者從上文可見，他基本上以前者來把握啟蒙運動作為一個歷史思潮，而此舉正好從兩方面來體現了上一章開頭引自尼采的那一段話：柏林一方面透過「啟蒙運動」來理解興盛於十八世紀的一股現代思潮，並創造了「一元論」概念來進一步掌握其精神。此外，他也創造了「反啟蒙」一詞來概念化始自維科的對抗思潮，一如他以「消極自由」和「積極自由」兩個概念來提供一個關於冷戰格局的理解框架。

尤其需要注意的是，「反啟蒙」這一個當今廣為歷史學界接受的術語，與同樣用以概念化冷戰格局的「消極自由」和「積極自由」所指涉的，層次略有不同。後者首要是意識形態的抽象化結果，而意識形態本身已經是一套理論或至少是政治論述，許多積極自由的理論，本身雖不如意識形態那樣可能包括人論、社會乃至政治經濟理論等宏大，但至少也是某一種政治哲學立場。相較之下，反啟蒙本身卻包含了頗為龐雜的人、事、物之總和，不僅具內在多樣性，核心人物也來自許多不同國家；更重要的是，雖然他們或有共同的敵人，但彼此卻不一定都是朋友，甚至思想上也不乏針鋒相對之處。

這種複雜性本身是吸引柏林作一個思想史家的理由。不過，他特別在意的是當中來自德國哲學家的貢獻。一方面，致力於讓世人理解維科思想原創性的柏林，不單僅出自於道義與惋惜，也因為這一位思想英雄提出的世界觀，預示了德國大哲康德（Kant）所提出的倫理學[3]及其對於休謨的回應，而這一個回應後來也意外同時點燃了德國的啟蒙與反啟蒙運動之火。另一方面，柏林認為作為後進的德國反啟蒙思潮始終帶有一種「酸葡萄味」；雖然他們的思想亦有許多原創，但本質上卻是一種針對法國思潮的反抗或抵抗。就某程度而言，他們的思想自始即刻意與法國人有別。柏林的書寫是為了告訴我們：這一股思潮不僅點燃了浪漫主義的火把，也在十九世紀燃燒成難以收拾的國族主義火焰，甚至差一點讓整個歐洲的文明在二十世紀中葉付之一炬。

◆反啟蒙運動的第一個日耳曼民族英雄——哈曼

歷史似乎不只偶然，也充滿注弔詭。柏林所理解的德國反啟蒙運動，事實上起源於蘇格蘭啟蒙大哲休謨的思想。身為經驗主義

（empiricism）者的休謨，對於人類知識的最大貢獻在於懷疑自然科學最為核心的「因果關係」（causation）概念是否存在。他尖銳地指出，人類所能確定的不過是兩類事件的相隨關係，亦即凡X產生則Y隨後也必然產生，但，從來無法確立X就是具有力量導致Y的「起因」，一來X與Y之間可能還有很多我們所不知道的事物，二來那取決於人類的記憶或者認知的結構，不過，卻沒有任何事物可以保證我們的認知系統剛好可以確實掌握外在的真相。[4] 倘若沒有，連因果關係是否存在都難以確認，更何況因果定律！後者所需的不只是人們眼睛所見與記憶所及都是真的，也就是整體認知系統都剛好可以掌握外在世界，同時還假設同樣的事件過去能發生，未來也必然會再次發生，沒有例外。

休謨反對的當然是法國啟蒙運動哲人所相信的科學主義。不過，休謨並非企圖整體推翻此一拼圖世界觀。他的重點在於，雖然人們確立因果關係的確定性，仍可依據日常經驗繼續過活。一方面人們確實相信（或下意識假定）桌子上的食物是真的存在、伸手可及，或者明天睡醒，太陽還是會從東邊升起。另一方面，對他而言，徹底不相信並非比較理性。無疑，休謨不像百科全書派人士那樣，相信當前的宇宙拼圖尚有遺落之處，不過總有一天這幅拼圖會完成，但他終究沒有徹底放棄那張拼圖的想法，也同樣相信進步的可能。更精確地說，他不過指出，經驗世界的事物關係不是邏輯，不僅沒有必然，偶然意外也是可能，因此不該採取邏輯推演方式來拼圖，而且藉由科學拼出來的圖像既不完整，也不可能無縫接軌。

雖然如此，休謨仍然相信理性、相信科學，也相信人類具有普遍的人性。柏林於是斷定，他嚴格來說不是反啟蒙運動者，而是啟蒙運動內部的第一代批評者。[5] 不過，這樣的懷疑論（scepticism）事實上已經撼動了人們原先相信的那種拼圖世界觀。出生於東普魯士柯尼斯堡（Königsberg）的哈曼（Hamann, 1730-88），於是以休謨的思想為基礎，正式向法國啟蒙運動宣戰。[6]

柏林強調，此時的日耳曼民族相對落後，正如本章開頭的引言所示，而且德意志聯邦也尚未成立。因此，哈曼的宣戰本身即是被法國人逼到牆角所做的反抗，自始帶有民族對抗的色彩。休謨的懷疑論，讓他徹底反對啟蒙運動的一切，不僅僅是維科所駁斥的科學主義而已。首先，他認為啟蒙運動思想根本褻瀆了上帝及其按照自己形象所創造的人類！休謨指出了日常生活與自然科學所仰賴的因果關係，追根究柢不過是一種信仰，而缺乏上帝的信仰則更是毫無依據可言，無論多嚴謹的邏輯推論也撐不起來經驗世界的「存在」。換言之，神的存在本身不需要邏輯或科學證明，但科學卻需要神的存在才能支撐其根本假設為真。

此外，哈曼認為把科學方法應用於人類，並根據科學來建立社會的制度，更是本末倒置。關於人類社會的科學知識，事實上是從具體的人類經驗之中所抽取出來的通則（generalisation），必然是一種去掉個體之間的特殊性與差異性之簡化，把這樣的抽象原則拿來回頭要求具體的個人或社會，等同於剝奪了人類的創新可能，一方面不准個人從事有別於多數人的行為，一方面不准整體社會追求有別於過去人類所曾經試過的生活方式。其結果不外是把現在活生生的人壓縮至歷史上至今普遍、共通的框框之中。科學的應用，只會讓人類走向整齊劃一的同質性社會和官僚體制。對照於上帝賦予人類的創造天性，想要盡情發揮自己個殊性（particularity）留下獨特印記於歷史上的意志（will），啟蒙運動所設想的人了無生氣，根本就是死人！

同理，科學應用於繪畫的研究，只會產生關注畫作之間共通性原則、技巧等事物，反而忽略了每一幅畫本身的價值來源，也就是跟其他作品的差異。科學成就了美學，卻毀掉了人們對於藝術欣賞的美感能力。然而人類是因為如此精緻的知覺感觀，才與其他生物不同。認識人的方式，也是如此。學習再多心理學或懂得再多的社會學通則，不會讓我們因此而認識一個活生生的人，唯有親自與對方交談，才會懂他的感受。

◆歷史化理性的赫爾德及其民族主義思想種子

如此強調知覺感觀與個性發揮，足以讓柏林認為哈曼的反啟蒙思想是浪漫主義（romanticism）的起源，而且，維科的主題也再次浮現：人、物有別。不過，維科的主張仍然肯定科學是閱讀大自然這一本書的方式，哈曼卻告訴人們，那是一本連科學也無法讀懂的書。因為，山川、河流、樹木、岩石等等，都在傳遞造物主的訊息，且唯有採取直覺、本能的方式，才能理解其寓意。換言之，科學方法不但用於人類時僅能取得最表層且不重要的通則，用於自然界事物的時候，無論如何詳加描述，也無法取得神透過大自然所欲傳達給我們的特殊訊息與意義。

事實上，當時的東普魯士盛行敬虔主義（pietism）。[7] 這是十七世紀末基督新教路德宗（Lutheranism）所發起的宗教運動，排斥政治，強調個人的良心、道德義務以及與神同在的宗教經驗，試圖透過紀律嚴格的查經、禱告與靈修來造就信徒的個人靈命成長。深受影響的哈曼，於是在思想上也帶有一種神秘主義色彩。[8] 這種傾向正是他的同鄉老友康德與他爭吵了一輩子的理由，而他們倆的共同學生赫爾德（Herder, 1744-1803）似乎選擇了哈曼這一邊，從而開創了一條通往國族主義的思路。

哈曼之所以側重直觀而非理性，是因為他認為理性思考必然涉及語言，但語言本身卻反映了某種特定的世界觀，既不可能像一面明鏡可正確無誤地呈現世界的原本樣貌，透過它來表達自我或認識世界也肯定不可靠（按現代的說法，也就是必然戴著一副有色的眼鏡）。據此，赫爾德進而提出了他以整全主義（holism）為特色的語言哲學。[9] 首先，就語意而言，一個字的完整意思乃鑲嵌於語言整體之中，因此不同語言之間不僅沒有完全相同的字，有些字詞甚至在另外一個語言之中可能找不到對等的概念或說法，根本無法翻譯。是故，使用某一語言的人就是生活於某一個概念體系之中的人，其自我表達與互相溝通的意涵，都必須放在此一語言脈絡之中才能理解。換言之，每一個人都是一個由特定語言體系所構成的文化群體之一分子。赫爾德的整全主義於是包括語意和文化兩個層次。兩個層次的共同指向是一種「表現主義」（expressivism）[10]：語言體現了一種文化，文化亦由專屬一個族群的人所使用的語言來表達。

對照於法國啟蒙運動人士所認為，一個字對應一個世界具體事物，一個概念則對應於一個實在存有，赫爾德的語言哲學等同於歷史化了人類理性，戳破了啟蒙的世界觀，因為，世上不僅不存在普世的語言，使用語言的思考也不過是特定生活方式或思維模式的展現。順此邏輯，科學語言所描述的世界，嚴格說乃科學家以人為建構的概念所加諸現實世界的描述，並非世界的原本樣貌。

不僅如此，對赫爾德而言，每個共享同一語言與生活方式的群體，都是一個民族（nation），[11] 而每一個民族都有自己獨有的幸福觀念，獨特的價值觀念與人生追求；具有歷史感的人，應當能意識到不同民族之間存在此一事實，因此不會輕易以自己的文化作為判準來衡量另一個民族，同理，也不會以今論古，或以古論今。

身為基督徒的赫爾德，不意外地也如同維科，相信上帝賦予人類創造性。因此，他們必然會嘗試發展與過往和其他民族不同的生活方式，來凸顯自己的特殊，並藉此凝聚族群的共同感，從而滿足人皆有之的根本需求：歸屬感（sense of belonging）——此為柏林所謂的赫爾德「民眾主義」（populism）之核心理念。於是赫爾德大聲疾呼：「在上帝眼中，所有的文化都平等，不管它們在時間和空間的距離相差多大。」[12]身為上帝的子民，應該採取「同情理解」（Einführung）的方式來感受與理解另一個文化，如此不僅是我們對待其他文化或民族的唯一正當方式，也是我們對於上帝作為造物者的一種讚嘆。[13]

柏林高舉上述的「多元主義」（pluralism），但卻淡化了赫爾德思想的神學層面，[14]僅強調關於同情理解的呼籲以及文化之間的「不可共量」（incommensurable）特性。[15]正如上述，此一特性既是關於人類處境的根本看法，也是一種歷史看法，同時更是一種如何對待他人的規範基礎。相較於法國啟蒙運動人士的史觀，是藉由一個「進步」的觀念把人類所有不同文化串連起來，柏林所詮釋的赫爾德則一刀剪斷了不同文化之間的歷史紐帶，其結果是一個大珠小珠落玉盤的多元意象，每個文化都是珍珠，都自成一個世界，都值得我們去欣賞與理解。[16]

◆典型的歷史反諷：康德的啟蒙精神與反啟蒙後果

相較於哈曼側重虔敬主義的直觀與神秘元素，以及赫爾德藉此提出的歷史主義，康德卻深受此一主義的另一面影響：對於個人良心、道德義務以及自我紀律的看重。生性厭惡情感氾濫甚至「集體情感」這種說法的康德，將這些元素轉化為一套強調理性的道德哲學。然而，柏林的獨具慧眼看出康德那徹底的理性主義底下其實埋藏了連康德本人都不料想不到的浪漫主義思想種子。

這個種子埋在他的道德哲學之中，學界一般稱之為「義務論」

（deontology），包含了一個鑲嵌於特定形上學理論的人論。[17]就某程度而言，康德的哲學旨在回應休謨的懷疑論，並保有法國啟蒙運動的理性主義，而他的答案是：人的神秘之處在於同時擁有一個受制於因果定律的身體，以及不受因果鏈所束縛的「自由意志」（free will）——前者受制於因果關係鏈結，屬於自然科學的範疇，後者則意味人類亦可根據自由意志開啟新的一條因果鏈，成為具有能動性且可為行為負責的道德主體。[18]質言之，人至少有不受制於因果定律的一面，因此自然科學無法窮究人類社會的一切；自然科學與人作為道德主體的觀點，實乃兩種看待人的角度。

在此讀者可見，類似維科區別人、物的方法論再次浮現。人之所以與大自然界其他事物不同，是因為有自由意志，且唯有具備此一選擇能力才有道德的可能。畢竟，倘若一切行為都受制於一套因果系統，人的「責任」便無從談起，因為人的行為不具自主性，與禽獸無異！據此，單純以自然科學的方式來研究人類不僅損其尊嚴，也必定犯下哲學上所謂的類別錯誤（categorical mistake）。[19]

「自由意志」當然是個古老的概念，基督教神學則以此為前提，所以可以討論夏娃面對蛇的誘惑時如何選擇、如何錯誤。不過，康德替此一概念賦予了理性主義的理解，從而解決了隱藏於哈曼與赫爾德思想內「理性」與「意志」的衝突，但也徹底改變了「自由」的意義。

進一步解釋，康德把遵從社會上一切人倫規範（例如君臣、父子、師生等關係）的行為理解為一種「他律」（heteronomy），因為這些規範來自於外在，不是經由自己思考得出或認同，所以遵守的動機不過是一種服從既存的權威。反之，正如盧梭所說「遵守自己制定的律法」才是自由，人們必須徹底排除來自於外的一切規範，以及來自於內的一切恐懼、慾望等所有非理性因素，一心遵守絕對「客觀」的規範，視之為義務，才是基於「自律」（autonomy）的道德實踐！此處的客觀包括兩個意義：

一、所有理性的人都必然會接受。

二、適用於世上所有的人。

兩者當然互為表裡，因為，既然人唯有理性才是自律，才真正自由，以此為起點所尋找的「道德律令」必然排除了各種主觀看法，所以不僅適用於所有理性的人，反對者也必然不理性。康德提議，如此的思考必然會導向「人本身是目的，而非手段」的規範，[20]畢竟，理性的人不會想被利用，而自願者本身既不具理性，也失去了人格——因此，任何意味他人為某種工具或手段的規範，不可能可以通過所有理性的人之檢驗。

根據柏林的〈康德作為鮮為人知的國族主義〉，[21]康德的人、物之別等同於主張人才是「價值」（value）的創造者，其「內在自我」（inner self）並不受制於外在的因果鎖鏈，且唯有與他律來源（例如傳統、習俗、上帝旨意或難以超脫的生死輪迴）以及人為事件的因果鎖鏈的對抗，才是彰顯人性，才稱得上具有自由的人類精神（或靈魂）。[22]

雖然康德可能以啟蒙運動者自居，本人也不曾讓這些元素離開基督教的框架來理解，並試圖以理性來引導意志並壓抑情感的論證，但是，此舉實則告別了啟蒙運動的拼圖世界觀，因為它一方面意味著人類的存在目的與意義並非鑲嵌於自然秩序之中，一方面則暗示人類（當然包括日耳曼民族在內）也有一個自然科學進不去，且影響不了的內在生活領域。

在柏林眼裡，這些意涵正是浪漫主義和國族主義的元素，一旦脫離了理性色彩的系統神學，抑或之間的平衡稍有變化，就可以星火燎原，帶來康德絕對無法想像的意外後果——激烈展現個人意志的浪漫主義是一種，瘋狂展現集體意志的國族主義是另一種，而這兩者隨後不久即席捲了整個歐洲！

| 第六章 |

二十世紀的三種「極權主義」思想根源

盧梭問，為何人類生來自由，但卻無處不在枷鎖當中；邁斯特則說，我們也可追問：為何生來食肉的綿羊，卻無處不是只能吃草？人並非為自由而生，也不是為了和平。

——柏林，〈反啟蒙運動〉❶

戰敗而顏面掃地的日耳曼民族，特別是比較傳統、宗教色彩濃厚且經濟落後的東普魯士人，受盡腓特烈大帝引進的法國官員之欺負，於是像詩人席勒筆下那受力彎曲的樹枝，猛烈反彈，拒絕承認自己不如人的說法。他們在自己身上發現了遠比折磨他們的人優越之處。

——柏林，〈受力彎曲的樹枝〉❷

「人所組成的政府，終將會由事物所組成的行政管理所取代。」

——聖西門主義者的這個公式，在孔德（Auguste Comte, 1798-1857）

與馬克思那邊也能找到。

——柏林，〈受力彎曲的樹枝〉❸

柏林從事反啟蒙運動思想史研究，不僅為了解釋此一思潮所帶給西方文明的震撼與實際變革，絕不亞於英國工業革命、法國大革命以及俄國的共產革命，同時也試圖說明，二十世紀的極權主義並非不可理解。

理解才能正確批判，才能確實究責，才可能防範類似的事情再次發生——這是柏林的理解動機！畢竟，倘若我們對於慘絕人寰的政治事件僅僅表示驚訝，直呼不可理解，那等同將它排除在常識或可認知的範圍之外，放棄進一步討論的可能。柏林認為此一態度乃不負責任的失敗主義。身為社會與政治理論的教授，他不能辜負自己的職責。

是故，他的啟蒙運動思想史研究不同於歷史學家的工作，因其重點不在考證史實與因果的細節，而是致力於呈現人們所忽略，一個理念往往在思想家提出之後隨即展開自己的生命歷程，有些甚至曲折離奇。如此的蛻變過程，通常吸引不了專心於概念分析的哲學家或皓首窮經找尋定律的歷史學家，然而柏林卻認為，如果我們想真正理解過去的政治災難並防範未來，那些連結了不同思想家之間的概念，及其內涵的轉變，才是我們必須正視且深入探究的思想領域。

柏林的思想史研究在方法上與體現於〈自由的兩種概念〉之中的系譜學精神，並無二致。正如他透過揭露積極自由概念的雙重人格結構指出其危險所在，他的啟蒙運動研究也在描繪了反啟蒙運動與浪漫主義的概念地圖之後，進一步指出哪些概念最終翻轉為原初思想者也難以預料的政治理論與實踐，亦即各自成了導致二十世紀極權主義的思想元素。

◆法西斯主義源頭的反啟蒙運動思想家——邁斯特

根據柏林的描繪，二十世紀的主要極權主義形式，雖然展現的方式各異，但無論結果是如何黑暗或殘酷，都是始於某一種洞見，然後將其邏輯進行到底的極端表現。義大利法西斯主義也是如此，其思想根源是邁斯特（Maistre, 1753-1821），[4] 亦即本書第三章所提及之「自由的敵人」。他既不是漠視者，也非背叛者，而是徹底反對個人自由的天主教保守主義思想家。

邁斯特出生於薩丁尼雅（Sardinia），一個自十四世紀即存在的王國，地處今日法國、義大利與瑞士的夾縫，曾數次被瓜分、易主，最終於一八六一年串連其他小國合併成義大利。他親眼目睹法國大革命最後造成的血腥災難，因此更加肯定天主教神學對於人性的負面看法，也就是認定身為亞當與夏娃後代的人類，雖然天生具有自由意志，但也搭配了一個墮落的靈魂；前者讓人與神性相通，且確保人類的創作可能，但後者卻是背叛上帝的後果——失去純真的人類從此學會遮掩、躲藏，禁錮於肉身的慾望，並傾向自毀，一旦享有自由便開始使壞，不但害人也害己。

此一人性觀與啟蒙運動所宣揚之理性、進步等樂觀想法背後所預設的人性剛好相反。德國的哈曼與赫爾德所堅信的虔敬主義是宗教改革後的基督新教教派，認定人類單憑己力不能找到救贖的道路，但神的恩典夠用，足以讓墮落的他們在黑暗之中找到通往天堂的道路。邁斯特的悲觀主義，則不僅凸顯了悲觀版的天主教神學與樂觀的啟蒙運動之根本差別，同時也替基督新教亦不否認的人性幽暗面增添了另一道陰影：理性思考仰賴的語言非人所發明，而是相當神秘、近乎神聖的事物，且涉及自主意識所無法察覺的歷史記憶，或說傳統。[5]因此，無論我們如何發揚理性，某些人類思維的陰暗面始終不得理性之光的眷顧，但卻能在冥冥之中直接或間接地掌控我們的心思意念！

柏林指出，邁斯特關於語言的見解，與哈曼那種側重直觀的神祕主義相通，且指向了某種「潛意識」（unconsciousness）之存在，理性無法穿透。❻因此，試圖以邏輯概念或抽象模型來掌握人間事務，想把巨大混亂的現實壓入整齊劃一的框框，必將徒勞無功，甚至可笑。邁斯特曾說：「我認識法國人、英國人、義大利人、西班牙人，但就是沒有見過所謂的『人』。」——此話意在調侃那些把「人性」、「人類」掛在嘴邊的啟蒙運動者，諷刺他們口中說的那種超越所有宗派、階級、民族認同，單憑普世理性而過活的那種抽象個體。邁斯特也藉此反對了所有社約論思維的基礎，因為，那些彼此毫無關聯、不具身分認同的人既不存在，也不可能出自於單純的理性算計，然後在互訂契約的當下成立了一個社會。

或許，哈曼與赫爾德，甚至維科，亦可接受如此說法。不過，邁斯特更進一步指出，事實上所有國家、民族所賴以為繼的「權威」也是如此，都是建立在不可能化約為一套邏輯論述的「傳統」之上。據此，他進一步堅稱，舉凡一切的理性計畫或制度安排皆不可行。原因並非人類既缺乏理性且不願思考，或者無視於偉大的理想。相反地，正因為墮落的人們也會理性思考，願意為大我（如國家和民族）犧牲小我，也會追求超越現世的宗教理想，才是問題所在。失去了純真與信任的人類，運用起理性來思考，必將懷疑既有的一切制度與價值，只會破壞而無能建樹，而那種想要拋頭顱灑熱血、成就偉大的狂熱，則容易導致盲目地追隨領袖——所以，唯一的出路乃不按牌理出牌的黑箱作業，在威迫利誘的同時必須讓人民完全摸不到頭緒，不知道國家暴力什麼時候會降臨，最終只能放棄思考，匍匐在權威底下唯命是從，而違命者應當斬首示眾，以建立統治者的威信。

是故，邁斯特主張，唯有建立在宗教與奴役制度上的威權統治才是人類的未來希望之所在！如此作想的他，出使俄羅斯期間（1803-1817）受到了沙皇亞歷山大一世（Alexander I）的重用，影響深遠，甚至阻礙了俄國科學與人文研究的發展。[7] 特別是在宗教式微之後，落實邁斯特的理念意味著政府必須製造崇拜對象，並祭出重典，同時善用傳統宗教的力量，才能全面控制人民的身、心、靈，進而讓權威進入到個人生活的所有領域。對柏林而言，這正是現代極權體制有別於傳統的獨裁政權之處，作為一種法西斯主義的展現方式，其根源是虛無主義（nihilism）之下對權威的崇拜！[8]

◆浪漫意志的昇華、聖化、追求民族淨化的納粹

納粹主義一般被認是法西斯的一種，因此上述邁斯特關於領袖崇拜與身、心、靈三位一體的極權模式也適用。不過，細讀柏林關於德國浪漫主義與民族主義的書寫，雖然甚少提及納粹主義，卻不難發現他將納粹的崛起回溯至日耳曼國族主義思想，因此，他對於納粹主義的理解是德國浪漫主義蛻變為極端國族主義，最後發展成了法西斯模式的一連串歷史偶然結果。

前文提及，康德試圖調和理性與意志的倫理學埋藏了進一步激發民

族主義的元素，個人意志的展現是浪漫主義，而集體意志的瘋狂展現則是極端的民族主義了。雖然康德本人對任何的族群情感深惡痛絕，並主張世界主義，但席勒（Schiller, 1759-1805）卻抓準了他所說的，人唯有在力圖抵抗外力——亦即展現真正的自由意志時[9]——才最像個人，並從而主張：真正的藝術在於展現個人最像自己的一面！[10]

當然，康德的話出現於他對「道德」與「倫理」之區別，嚴格說是道德哲學的領域，但席勒卻將此轉化為一種新的「悲劇」美學，其要旨為：真正的悲劇在於一個人因真誠表達自我而與整個社會、整個時代起了衝突，仍然在所不惜，也不願意失去自己。[11]換言之，唯有「本真性」（authenticity）才是道德的唯一判準，外在社會規範不是；自由的真諦在於真實展現自我，而唯有勇敢做自己才是真正的高貴。真正「替自己立法」（康德接收自盧梭的自由概念），不是把自己當作陌生人或某個人類，隨後檢測自己想做的事是否能成為普世皆然的道德律令，而是真誠面對那個作為宇宙之中唯一存在的自我，一個具有特殊身分、認同、情感與命運的活生生個體，在不顧及任何外在眼光之下思考，究竟自己想成為一個怎樣的人——矯情而不當自己的就是賤人！

康德的弟子，也是柏林筆下的「自由的背叛者」費希特則更加主張，矯情和認命的人，根本就等於死人，而唯有活出自己的人才是真正的活人。[12]他的起手式是康德的觀念論，亦即人類對於世界的認知來自於根本的概念與範疇（categories），例如時間與空間，缺乏此一感知能力或認知結構，人不可能認識世界。當然，人們可以追問：「那我們如何確認我們藉此所認知的世界，剛好等同真正的世界？」康德的答案是「上帝」，正如笛卡爾也必須援引上帝來確保「我思故我在」的那個「我」是具有肉身的存在。

但費希特並不滿意如此的解決策略，於是提出：所謂的「自我」其實是一種行動，是一種產生於跟外在阻礙對抗的認知。[13]畢竟，一個人專注某件事的時候是進入無我的狀態，只有被打斷時才會回到自我意識；因此，因外在阻礙而產生的自我意識，必須採取行動來回應，才能確立自己是「誰」，並藉此建構起一個真正的自我。此外，如同康德認為人是意志上享有自由但身體受制於因果關係的神秘存在，費希特進而主張人是同時活在兩個世界之中的跨域存在，肉體世界彼此相互牽制，因此不可能達到真正的自由，但精神世界的自我意志卻可以達到真正的自由。

費希特於是主張：「我意欲，故我在！」[14]同理，民族也必須在一連串的對抗行動之中來體驗「自我」，且真正自由的民族是一個可以不受外界干涉，展現本色的自主個體。一八〇六年柏林遭受拿破崙佔領之後，費希特接受了赫爾德的觀點，認為所有人都是由特定語言、文化與傳統所構成的有機體之一分子，其內在生命脫離不了所屬的民族精神，因此唯有整個民族展現其意志時，才是自由。他據此在《對德意志民族的演講》中提出：缺乏意志展現，不力圖創造自我的人，不過是別人的回聲；然而，德意志民族乃具有展現自我意志的人種，而無論來自何處，講什麼語言，只要內心充滿如此的精神，就是德意志民族的一分子！[15]這是費希特身為德意志民族一分子的回應，不但藉此區辨我族與他類，也呼籲整個民族必須團結、統一建國。

柏林提醒讀者：費希特的演講是納粹崛起年代的「聖經」，[16]而且海涅當年曾說：「武裝起來的費希特們遲早會出現……將在德國上演的大戲，會讓法國大革命看起來就像一首閒情逸致的田園詩。」[17]日耳曼反啟蒙運動始於自卑與酸葡萄心理，雖然在哲學上重拾了民族自信心，政治軍事上卻持續遭受屈辱，轉為強烈排外並帶有文化優越感的民族主義於歷史脈絡之中並不令人意外。柏林認為這是一種民族自尊心受傷的結果，而納粹——其正式名稱為「國族社會主義」（Nationalsozialismus）——的崛起，在他眼中於是並不意外。誠然，結束一次世界大戰的《凡爾賽條約》再一次讓德國飽受屈辱，於是思想上擁抱種族主義，強調雅利安人種的優秀，並據此指摘猶太人對他們的汙染，最終宣稱必須透過優生手段與種族淨化（屠殺猶太人）才能真正展現德意志民族的「真正自我」。至此，如同黑格爾的精神哲學，個人意志被浪漫化為集體意志的一部分，然後這個集體意志再被昇華為任何個人意志皆不能與之衝突的民族精神——最後則是一個神聖、必須淨化的「國族」意志。

而這一切，如果柏林的診斷正確，皆肇因法國人在政治上、文化上以及軍事上主導了西方世界，德意志民族最後如同「受力彎曲的樹枝」（出自席勒詩作的比喻）鬆開之後的強烈反彈。[18]雖然德國納粹也具備了義大利法西斯政權的反啟蒙元素，但那不過是必要條件，真正的充分條件，正如柏林在〈被奉為神聖的浪漫意志〉（The Apotheosis of the Romantic Will）一文當中所說，是民族自尊心受傷之後昇華為神聖不可侵犯的集體意志，進而追求國族純粹性，最後採取了最不可思議屠殺的手段來淨化種族，是德意志民族在數百年來不斷有感於外部壓力的具體國際情勢底下，令其國族意識節節高升至不可收拾的國際性政治災難。[19]

◆蘇聯共產極權的啟蒙運動思想根源

相較於直指邁斯特的思想為義大利法西斯主義根源，柏林關於德國納粹主義的追本溯源則略為複雜，包含了原本抽象的自由概念在具體的政治、經濟與社會脈絡之中的一連串蛻變或說背叛之結果，因此交織成一幅理念與環境互動的圖像。他對於蘇聯共產極權的分析則更加動態且複雜。一方面，這反映了柏林寫作的時代背景，亦即冷戰，另一方面也反映了一個長達四十年關於馬克思主義的思考——亦即從他二十五歲準備撰寫《馬克思：他的生活與環境》（*Karl Marx: His Life and Environment*）開始算起。若一個人的思想與現實生活有關，正如該書副標所示，柏林在童年時期關於俄國革命的親身經歷，想必也在他的思想形塑過程當中留下烙印。

無論如何，柏林的相關書寫提供了一幅關於蘇聯共產極權的思想理念、歷史脈絡與政治實踐之立體圖像，一個涉及馬克思主義、共產主義、法西斯主義、帝國主義以及國族主義同時運作於不同層次的複合體。然而，其敘事主軸卻相對簡單，貫穿上述思想、歷史、實踐三個層次與各種面向的，正是啟蒙運動的理性主義與科學精神。

本書第二章指出，柏林對於冷戰時期雙方陣營的最抽象層次之掌握，是兩種自由的概念之爭。此處的主題則是那個支撐起蘇聯共產陣營的自由概念的整體思想體系，包含許多其他關於個人、社會的概念以及歷史理論。

想當然耳，作為一種共產主義政權，蘇聯的政治思想基礎當然是「共產主義」——更精確地說，是馬列主義版本的共產主義。再進一步解釋，關於私有財產之取消或社會的資源必須由所有人共享之類的想法，歷史上可回溯至柏拉圖的《理想國》。該書主張人的靈魂有理智、激情和慾望三個部分，而性格穩定的人必然受到其一所主導，且有真正適合其心性的工作。根據柏拉圖的描繪，社會上大部分的人是由慾望所主導，他們理應從事生產，靠賺錢來換取各種慾望的滿足。萬中選一的則是理智勝過激情和慾望的哲學家，他們不但視金錢如糞土、榮耀如浮雲，且通曉事物義理，包括如何治理國家，所以適合當「哲君」(philosopher-king)。至於那些靈魂由激情所主導，在意他人眼光並追求榮耀的人，適合擔任保家衛國的工作。此外，柏拉圖設想了一個獨特的制度來安置他們，讓他們不領薪水，終身由國家供養，同時也共享女人、共養孩子。一來是因為他們本就不圖享樂，二來為了杜絕貪婪並防範墮落，這制度是最早的共產主義設想。不過，柏林關切的是這種設想的現代表達方式，其思想源頭是《自由及其背叛》當中的兩位思想家：艾爾維修（Helvétius）與聖西門（Saint-Simon），[20]尤其是後者及其追隨者。[21]

前文提及，上述兩位思想家是法國啟蒙運動的風雲人物，也是柏林認定為人類自由的背叛者，或至少是漠視個人自由，以社會整體利益為主要考量的理性主義者，相信科學研究與科技進步可帶給人類最終的幸福。簡而言之，艾爾維修相信趨樂避苦的單一人性「定律」，可以據此建立起一套社會制度來威迫利誘人們走向正確的道路。聖西門則認為科學技術的創新才是歷史的動力，促成人類的進步，從而主張科技官僚治國才是提升社會發展之道，也就是以最科學、理性的方式來重新安排社會，才是優化經濟生產之道。身為啟蒙運動者，他們兩人都持有科學進步史觀，並接受政府或統治菁英可以為了人類整體的進步而犧牲個人的自由。

柏林特別指出，當邁斯特過世後五年，聖西門的追隨者宣告過未來最重要的理論工作在於如何結合邁斯特與伏爾泰的想法，前者著眼於人性幽暗面，於是強調鎖鏈的重要性，後者則在人性當中看見光明面，因此捍衛個人自由，是故，聖西門學派日後的發展同時具備了一手指向進步光明，另一手卻不擇手段地防範社會的墮落可能。[22] 如此一來，必須控制所有人類生活的細節處，亦即「全面控制」（total control），而這才是「極權」（totalitarian）之本意。對柏林來說，這種體制無論在做法或修辭上，都結合了伏爾泰與邁斯特兩人的洞見，且必須歸功於企圖運用最理性的科學技術來治理的聖西門學派政治經濟學家。

蘇聯共產主義的意識形態基礎當然是馬克思主義，於是讀者必然想問：柏林將蘇聯極權主義追溯至啟蒙運動，或將共產主義追溯至上述的理性主義與科學信仰，究竟能替我們增添什麼對於極權主義的理解呢？

對此，一個完整的回答必得涉及：

一、馬克思的思想如何轉化為聖西門主義者的科學主義。

二、列寧如何將馬克思主義轉化為採取人為手段，透過暴力方式來進行階級鬥爭促成無產階級專制的主張。

三、史達林如何一方面採計畫經濟來落實聖西門式的菁英科技官僚統治，一方面採取法西斯手段將艾爾維修所提的「趨樂避苦」定律進行到底，操控人民的身、心、靈。

在下一章，將透過闡釋何謂「一元論」來進一步解說柏林對於極權主義的獨到理解。

｜第七章｜

「一元論」的活人獻祭與普羅克汝斯特的床

比起任何其他信念，有一個更需要為底下這些偉大的歷史理想祭壇上屠殺人命的行為負責：正義，或進步，或未來世代的幸福，或任何民族、種族、階級的神聖使命或解放，乃至要求為社會的自由而犧牲個人的自由理想本身。

——柏林，《自由的兩種概念》❶

柏林在《自由的兩種概念》之中，明確指出了下述的一組思想預設，正如魔笛般可以吸引人走向專制主義的神殿：

一、所有人都有一個真正的生存目的，亦即必須接受理性的引導。

二、理性的人所擁有的目標或理想，彼此之間必然沒有衝突，反而可構成一個和諧的體系，而且有些人比別人更能察覺此一體系。

三、理性的人之間不會有所衝突，換言之，所有的人與人或社群與社群之間的衝突，以及隨之而來的悲劇，必定是理性的人與非理性（也就是不成熟或尚未發展完成）的人之間的衝突。

四、人的理性一旦發展完成，將會遵守共通的理性制定、放諸四海皆準的法律。[2]

柏林日後習慣以「一元論」（monism）來稱這一組思想預設，並認為這貫穿了整個自柏拉圖以降的政治哲學之傳統。《自由的兩種概念》文末也以希臘神話故事的普羅克汝斯特（Procrustes）作為比喻，來說明其危險之處。[3]普羅克汝斯特是海神的兒子，他在雅典城外經營一家黑店，晚上提供一種特殊服務，讓旅客可以睡在完全合身的床上。其秘訣在於，矮個子的人身體會硬生生被拉長，高個子的腳則會被切掉一截。更貼心的是，老闆備有兩張不同長度的床，以免有人享受不到增高或截肢的服務！

柏林藉此來指出，深受啟蒙運動影響的科技官僚體系其實體現了一種「先驗的野蠻」（a priori barbarities）。[4]這種野蠻將科學公式生搬硬套於人類社會，認定理論模型遠比人類的親身經驗與感受更加真實，其根源都是出自於某種類似普羅克汝斯特那心態，想把具體的事物壓縮入整齊乾淨的模型。本章試圖藉此比喻來進一步探究柏林對於蘇聯共產體制的分析，從而理解「一元論」如何在諸多理論與實踐的面向，支撐極權主義的科學理性主義思維與心態。

◆馬克思及其獨樹一幟的研究「方法」

柏林對於「一元論」的理解首見於他耗費五年書寫，三十歲時出版的《馬克思：他的生活與環境》（*Karl Marx: His Life and Environment*）。當時，馬克思並不被學術界認為是一位值得研究的政治思想家，而且大量的著作尚未出版或翻譯成英語。此書的出版，促成了日後英語學術界對於馬克思政治思想的研究。其最大貢獻在於恢復了馬克思的人性面，讓他不再是激進革命分子的神話人物，也不是反革命保守派眼中的妖魔鬼怪。柏林描繪馬克思的人性面方式，不靠軼事趣聞或關於私生活的八卦，而是讓讀者理解這位偉大思想家如何藉由理論的提出來回應自身的時代，思想上如何與時俱進並掙扎於理想與現實之間。

作為「馬克思主義」核心的馬克思當然與「異化」、「階級鬥爭」、「歷史辯證」、「唯物史觀」等概念分不開。不過，正如前文提及，現代的共產主義思想起源可追溯至啟蒙運動者艾爾維修與聖西門，柏林筆下的馬克思其實並未提出任何新穎的概念，而是一位集法國理性主義、德國歷史主義、英國政治經濟學之大成的思想家[5]——柏林此一理解於今已是學界共識，但更重要的是，他認為馬克思的唯一原創在於提出了一個全新、革命性的「歷史書寫與政治詮釋方法」，[6]統整了上述三個國家的哲學、經濟、社會以及歷史思想，讓原先彼此排斥的理論元素得以互相支持，從而建構一個實事求是的人類社會理論，並指向一個務實的改革方向。

進一步解釋，柏林的馬克思是一位真正秉持啟蒙運動科學精神的思想家，一方面極端厭惡那種不顧現實的人道主義與天真浪漫的「烏托邦想像」，[7]一方面認定人類歷史與社會變遷本身具有其規律和法則，但卻堅決反對簡單「套用」自然科學理論或模型於人類社會。換言之，如同維科對於人類文化與自然世界的根本區別，馬克思也強調真正的科學精神必須引導我們實事求是地從人類歷史之中去找尋與歸納具體的社會問題之本源，才能真正理解並回應我們時代自身的課題。這與柏林日後不斷強調的「歷史感」（sense of history）與「現實感」（sense of reality）相通。[8]就此而言，馬克思是柏林的思想友人，兩人都深信將自然科學的方法生搬硬套於人類社會是一種根植於「錯誤類比」（false analogy）的結果。[9]

馬克思當然還是一個黑格爾色彩濃厚的思想家，認同歷史並非一帆風順的進步歷程，而是不斷透過「辯證」（dialectic）的方式，也就是內建於特定社會體制的內在矛盾必然會化暗為明，以劇烈的社會衝突來跌跌撞撞向前走。不過，正如馬克思自稱「頭腳顛倒」了黑格爾的唯心論，柏林強調前者並不接受後者龐大的歷史形上學體系。一來，馬克思不接受歷史是按照早已寫好的劇本演出，而是特定社會底下的人們真實具體鬥爭的結果；換言之，制度性的內在矛盾雖屬必然，但鬥爭的實際發生則有偶然性與不確定性。二來，順此邏輯，歷史也沒有預先決定的終點；或更精確地說，終點只會發生於歷史動力的消失，也就是所有社會矛盾的化解，或至少社會的內在緊張關係不再能因量變而產生質變。[10]

是故，柏林所理解的馬克思理論體系主要是一個關乎特定歷史階段，也就是針對現代資本主義社會的「歷史分析」與「政治詮釋」，而非一個適用於人類歷史整體或所有人類社會的理論。此舉與柏拉圖以降的「規範性」政治哲學傳統截然不同，因為它既不以勾勒人類最完美的社會為理論目的，也不以建構抽象的概念體系為理論方法。相反，馬克思親身示範了一種從現實出發，經由科學的詮釋，也就是掌握其具體社會制度的「內在邏輯」，從而得出一個符合實情的「應然」政治策略。[11]柏林認為，此一方法乃赫爾德首創，但馬克思將此發揮得淋漓盡致。[12]另一方面，雖然馬克思實際提出的思想體系缺乏創新的抽象概念，但作為一種方法卻能以「經濟」的角度，從「階級利益之衝突」來掌握社會整體的運作機制之動力，更是一種歷史書寫的創舉！馬克思不僅成功地將經驗層次的具體事物之發展動力轉化為一種存在歷史當中的「必然法則」（laws of necessity），或說「歷史必然性」（historical necessity），也讓社會科學成為一門得以追求「真理」的科學研究。[13]更重要的是，不僅人類的「能動性」（agency）獲得承認，人不同於物的「尊嚴」也得以保存。

◆馬克思本人不是馬克思主義者

至此，柏林筆下的馬克思與那一位膽識過人、深具思想原創力的維科並無二致，並與康德亦有相通之處——更精確地說，對柏林而言，馬克思從「經濟角度」來書寫歷史的做法，是一種獨特的「觀看世界」方式，正如康德認為人們可以從因果關係角度來理解人類，亦可從自身的實際感受來看待自己為具有自由意志與責任的主體。然而，如果馬克思或他的支持者想進一步主張，此一角度所理解的世界就是真相的全貌、唯一觀看世界的方式，那就是柏林不能接受的事了。

柏林所理解的馬克思主義，是把「經濟」視為因果上「決定」（determine）所有其他生活領域之一切根本的主張，把經濟發展的歷史動力上綱為推動整個人類史的唯一動力的理論。[14]對柏林而言，這是一元論思維模式，也是一種普羅克汝斯特心態作祟，嘗試把多元繁複的世界壓縮至一個簡單理論的結果！

關鍵在於人們歸功於馬克思的「歷史唯物論」（historical materialism）概念該如何理解。對柏林而言，身為一個啟蒙運動思想家的馬克思，本人僅將此視為一種分析社會與歷史的「科學方法」，也應當如此，但恩格斯（Friedrich Engels, 1820-1895）卻把此一方法轉化為一種關於人類歷史本質的「形上學」主張，認定人世間所有一切事物之因果都受制於經濟條件與物質因素。[15]如此一來，歷史再度被理解為黑格爾所想像的那種事先寫好劇本的辯證歷程，階級鬥爭是唯一的前進動力，且沒有任何人可以扭轉歷史早已預定的最後方向。

柏林認定，上述充滿決定論色彩的「唯物史觀」（materialist conception of history）正是「馬克思主義」的核心論述，但，與上述理解的馬克思格格不入。[16]誠然，柏林筆下的馬克思擁有借自費爾巴哈（Ludwig Feuerbach, 1804-1872）的現實感，願意正視人類（特別是無產階級的）處境與感受，排除了黑格爾史觀所難以排除的超驗事物，不管是「上帝」、「精神」或「歷史」作為一種實存的主體，因此有濃厚的唯物論色彩，但他也有強烈的歷史感。[17]馬克思的歷史感與黑格爾的相似之處在於肯定人是歷史的產物，而且歷史的行進方向並非直線，而是曲折的辯證途徑，但前者並不接受冥冥之中有一隻看不見的手在導演工人革命，推動他們走向歷史終點。換言之，馬克思所理解作為「歷史產物」的人們並非是毫無能動性的傀儡。

柏林的馬克思的確如同他自己所宣稱，頭腳顛倒了黑格爾，而且不是「馬克思主義者」！當然，這並非說柏林認同馬克思所有的現實感與歷史感。一方面，對於馬克思在修辭上給人一種「思想」（上層建築）乃由經濟條件（下層建築）所決定的印象，以及將「人類史」等同一部「經濟史」的做法，柏林難以接受，因為，即使此舉不預設取消人類自由的決定論，以經濟邏輯來理解「社會」與「政治」領域的一切，也是一種類比謬誤，無異於馬克思所反對的那種套用物理學或數學於社會研究的做法。另一方面，柏林也擔憂馬克思全神貫注於無產階級的鬥爭策略與方向，有取消「道德」思考之虞，讓「通往下一階段的策略」成為關於「應然」的規範性思考之唯一根據。[18]

無論如何，就連馬克思本人也深感意外的是，堅持唯物史觀的馬克思主義才是真正日後掀起無產階級革命熱潮的意識形態。柏林的《馬克思》生動地描繪了這個思想蛻變的案例。馬克思本人無法控制自己的思想被人詮釋成自己所不接受的馬克思主義。而馬克思主義也在支持者的手中，不斷轉變為一套支持威權統治乃至於極權統治的論述。[19]

關於詮釋上的蛻變，柏林認為馬克思本人也難辭其咎。他的《法蘭西內戰》（*The Civil War in France*）大肆稱讚一八七一年的「公社起義」，宣稱那是史上首次真正的自發性工人起義，不像法國大革命時期的「巴黎公社」（La Commune de Paris）其實是針對無產階級的重創，因此所有的犧牲者都是「國際社會主義」偉大理想的烈士。[20]柏林提醒，此舉一方面以歷史詮釋作為政治手段，來支持理論上的目的，另一方面則讓馬克思主義與流血暴力難以切割。是故，當人們問恩格斯「無產階級專制」究竟所指為何，他直指這場起義為最接近理想的實例。此時，反對烏托邦主義的馬克思，已經成為鼓吹暴力的革命教父，馬克思主義成了強調為達烏托邦理想可不擇手段的教戰手冊，且距離極權主義的恐怖統治，也只剩一步之遙——此時的馬克思本人也已搖身一變，成為了「紅色恐怖博士」（The Red Terror Doctor）！[21]

◆活人獻祭的名義與「一元論」的三種層次

蘇聯革命人士跨出了這一步，且走得相當具有「列寧特色」。[22]進一步解釋，馬克思心中的社會主義自始便是一個充滿世界主義色彩的理想，其基本信念，正如他與恩格斯合著的《共產主義宣言》所呼籲：「全世界無產者，聯合起來。」一八六四年創立的「國際工人協會」（亦稱「第一國際」），奉馬克思理論為圭臬，相信共產主義的幽靈已經（因此是一種對於政治現實的詮釋）籠罩整個歐洲，且正擴散至世界各地。該組織不僅支持各國的罷工、協助受壓迫民族的解放運動，也參與了上述的一八七一年「巴黎公社」，但失敗之後遷往紐約，並於一八七六年解散。[23]

國際工人組織於一八八九年死灰復燃之後，成立「社會主義國際」（亦稱「第二國際」）。由於此時馬克思已經過世，所以該組織事實上乃出現「無政府主義」、堅持階級鬥爭的「正統馬克思主義」，以及不認為資本主義即將崩潰因而呼籲漸進改革、以選舉勝利取得政權的「修正主義」等三條路線的互競局面。然而，真正的分裂來自於德國成員於一九一四年支持政府保衛祖國。此舉不僅意味著德國民族主義背叛了世界主義理想，同時也讓代表正統馬克思主義路線的列寧（Lenin, 1870-1924）宣告第二國際已死！

列寧認定那些支持自己國家的社會主義政黨等同於替帝國主義服務，都背叛了無產階級的國際主義理想。是故，他在一九一七年出版的《帝國主義是資本主義的最高階段》主張，帝國主義乃特定歷史階段的產物，不僅唯有資本主義國家才能落實帝國主義，且是一種資產階級欲以壟斷取代競爭的必然邏輯使然，也是進入自我毀滅的最後階段。第二國際的死亡迫使列寧呼籲，帝國之間的戰爭必須轉化為單一國家之內的階級鬥爭，並主張社會主義理想亦可實現於少數或單一的資本主義國家。

一九一七年，列寧發動十月革命取得政權之後，隔年旋即針對國內的資產階級進行了一場徹底的「紅色恐怖」鬥爭，受難死亡人數估計數十萬至百萬。於此同時，為了因應內戰的爆發，列寧政權採取了「戰時共產主義」，不僅國有化所有中大型企業，也實施糧食配給制度。另一方面，歷史客觀條件的變化也讓列寧的思想再次轉彎。一戰之後在歐洲許多國家所爆發的社會主義革命，讓他對於國際無產階級的團結再次感到樂觀，因此於一九一九年成立了「共產國際」，亦即以莫斯科為首的「第三國際」，試圖發動無產階級世界革命。[24]

列寧的計畫經濟印證了柏林在共產主義所觀察到的科學崇拜，而以世界革命領導自居的做法，也坐實了柏林在德國納粹身上所見，因為自卑而自大的民族沙文主義。不過，柏林特別指出的是列寧那一種企圖摧毀一切站在歷史反方向的障礙，為了達到政治目的不擇手段的做法。《自由的兩種概念》文末提及：「比起任何其他的信念，有一個更需要為那些『偉大的歷史理想』祭壇上屠殺人命的行為負責。」[25] 那就是一種失去「現實感」，把人當作通往遠大理想道路的障礙物，樂見歷史巨輪輾過活生生的人那種普羅克汝斯特心態。

尤有甚者，當蘇聯政權落入史達林（Stalin, 1878-1953）手中時，加上了另一種蘇聯特色：故意改變黨的路線，不定期嚴控與放鬆，讓人民不敢掉以輕心，永遠唯黨意是從的恐怖統治。這無疑是法西斯主義的翻版，藉由不按牌理出牌來達到身、心、靈皆順從權威的邁斯特主張，在此發揮得淋漓盡致。柏林稱此為「人工辯證」（artificial dialectic）。[26]至此，失去現實感的蘇聯，也失去了「歷史感」。

若說黑格爾所理解的歷史是上帝之化身，雖然前進的方式狡猾且蜿蜒，但辯證的方向與終點早已決定，馬克思所想像的歷史主體則是人類自己，而非上帝，因此最多只是個洞察歷史方向的先知，[27]無能掌握歷史的進程本身。接受黑格爾歷史哲學的馬克思主義者，雖然替革命提供了不可違逆的名義，讓所有的好壞對錯之判斷，都必須以既定的歷史方向為依歸，因此再次剝奪了人類主導方向的能動性。然而，蘇聯特色的馬克思主義，先有列寧高舉歷史進步之名義，並替其除去路上的障礙，後有史達林採取人工辯證，不僅某種程度上可以操控著歷史的巨輪——此時的史達林一個人幾乎等同於歷史主體之本身！

對柏林而言，上述的一切都是一元論思維的展現。首先，反對黑格爾的馬克思雖然不乏現實感與歷史感，但他將社會、政治的運作化約（reduce）為經濟邏輯，因此把歷史壓縮成經濟史。再者，重新擁抱黑格爾歷史決定論的馬克思主義者，則把歷史理解為通向單一方向的「必然」（inevitable）發展。最後，取得政權的列寧與史達林更是樂於採取「切足適床」的方式，把活生生的人民當作歷史進步的障礙物——蘇聯共產極權也就成了人類史上最科學、最徹底彰顯工具理性的活人獻祭之現場。

| 第八章 |

「價值多元論」作為一種人類的歷史現實

哲學家最深信的想法，甚少呈現於型式推論；根本的信念以及對生命的整體看法，就如同防衛敵人攻擊的碉堡。哲學家耗費心力來反駁與他們想法不同的各種實際或可能的論點，不過，他們所找到的理由或使用的邏輯，或許可能完整、巧妙甚至讓人無法招架，也都是防禦性武器。

——羅素（Bertrand Russell, 1872-1970）❶

柏林曾引述大哲羅素上述的話說，哲學家終其一生所提出的各種論點，無論內容如何高深，邏輯多麼嚴謹，其實都是用來捍衛他最深層信念的武器，雖然這些想法往往並非是書寫直接處理的主題，但，整場戰爭都是為了這些掀起的，也因此唯有掌握了他的人生、世界觀才能真正地了解一個哲學家的思想。

套用上述的建議在柏林身上，我們幾乎可以篤定地說舉凡一切柏林關於思想史、方法論、文藝評論與政治哲學的書寫與公開演講或廣播，都是用來捍衛「多元論」（value pluralism），或說抵抗「一元論」的各種武器。不過，正如之前關於柏林對馬克思主義的解讀所示，所謂的「一元論」不僅包括了馬克思主義者對於世界整體的理解、對政治的診斷以及處方的提出等理論層次，也包括了落實理論的方法、手段與心態，他所提出的「多元論」也必須涉及理論與實踐的多重層次，才足以對抗。

事實上，柏林的多元論正如同他對於一元論的理解，包括了對於世界的根本理解以及人生觀，而多元論的核心正是關於終極價值的多元存在之論述，也就是文獻上慣稱的「價值多元論」（value pluralism）。柏林的價值多元論根本上是一種關於價值的事實陳述，指涉人類的根本處境，但其實也是一種對於人類實際的道德經驗之肯定，同時亦具有高度的政治理論與實踐之意涵。本章旨在說明柏林如何論證價值的多元與衝突、悲劇性選擇的不可避免，並藉此說明價值多元論何以是一種歷史現實。

◆價值之間的「不可化約」、「不可相容」、「不可共量」

事實上，柏林於冷戰期間提出的兩種自由概念，其意義必須置於此一脈絡之中才能完整理解。「消極」與「積極」兩種版本的自由固然是自由主義與共產主義各自追求並捍衛的自由，而在高度抽象的層次上做出如此的區別對於促進雙方的理解至關重要，至少，對柏林的廣大讀者群而言，蘇聯陣營的自由理想再也不能被視為謊言或意識形態的蒙蔽所致，而是西方淵遠流長的自由理想之延續與變奏。不過，解釋之外的另一個重要意義是：「自由」既是一個人們願意拋頭顱、灑熱血去追求的價值或理想，其內涵也容許不只一種的界定。換言之，自由作為一個政治價值，落實的方式容或差異，彼此甚至可能衝突。作為一個政治概念，本身也存有互斥但各自合理的界定——以學術的語言來說，自由是一個「本質上具有爭議」（essentially contested）的概念。[2]

進一步解釋，首先，自由的兩種區分本身意味著人們對於自由的理解存在一種彼此無法被「化約」（reduced）為另一方的「面向」或「層次」而已，所以才能說它們是同一個政治價值的「兩種」概念，亦即在本體上（ontologically）各具獨立性。「多元」是因為存在各自獨立且彼此「不可化約」的不同理解。這正是柏林所謂的「價值多元論」的最抽象層次意涵，指涉單一價值（例如「自由」、「公平」、「正義」等等）的內在多元性。

當然，自由作為一種政治價值也可能在實踐上與其他的價值互競，甚至互斥。例如，「自由」與「權威」可能難以相容，甚至時有衝突產生；正如公民必須守法，不得以個人自由替自己的罪行開脫。的確，即使梭羅（Henry David Thoreau, 1817-1862）憑藉自己的良心採取拒絕繳稅的公民不服從行動時，他也知道這必須付出坐牢的代價，並且願意接受。

柏林強調，兩個價值之間的衝突或「不可相容」（incompatible），既可出現於一個人的心思意念之中，也可以發生在一個社會之內，甚至是一個道德傳統之內。[3]「忠」、「孝」不能兩全的故事經常出現於中國人的道德教育故事書，對於西方人來說也不例外，正如存在主義哲學家沙特曾舉其學生為例，在納粹席捲歐洲的時候，他不知道究竟應該留守家中照顧年邁的母親，還是該親自上前線去保家衛國。不意外地，一個新興民主國家面對曾經迫害過人權的前朝政府官員的「正義」與「寬恕」，也可能難以兼顧。正如有些追求「轉型正義」的脆弱國家所面臨的難題那樣，若以司法起訴來處理威權政府的黨羽，可能會動搖國本，對民主的鞏固不利；若選擇寬恕，則既對不起受害者，也無法藉此確立法治、深化民主。

不同價值之間的衝突與不可相容，是價值多元論的另一個立論層次。不過，略微深究將會發現，如此的道德兩難不僅意味著在兩個重要的價值之間難以選擇，或說排序，同時也凸顯了即使我們相信一套倫理道德，事情也不見得會變得比較簡單。這正是柏林思想極具顛覆性的原因所在。對他而言，援引一套倫理學或說「價值體系」（value system）本身解決不了問題，一來，任何一套思想傳統都難以對任何現實的道德問題做出一個明確的排序，二來，環顧人類思想史，我們知道價值體系不只一個，而且各自作為一種道德傳統時，彼此之間也存有不可共量性（incommensurability）。[4]

「不可共量」指的不僅是兩個價值體系之間的不可相容，而是彼此之間沒有更高、跨越兩者的更客觀標準，因為它們本身就是人們面對道德兩難時賴以做選擇或判斷的基礎。例如，高舉「最大多數人最大快樂」的效益主義（utilitarianism）與「所有人皆必須被視為目的，而非手段」的康德義務論（Kantian deontology），在人們深陷恐怖主義攻擊恐懼時，對於警察能否嚴刑逼供或逾越正當程序來取得資訊有不同的答案，更別說戰爭時能否對一個以平民為主的小鎮投擲炸彈來逼迫敵方停止戰火之類的難題。無論是系統性抽象道德理論，或一般市井小民所熟悉的倫理道德傳統，乃至於宗教或意識形態，世界上存在諸多不同的價值體系，彼此不可共量，而人們日常生活面臨的價值衝突也可能是因為彼此追求的其實是鑲嵌於兩個不同體系的價值。無論因為同時信奉不同價值體系，或因為相信不同價值體系而產生的衝突，都是價值多元論所承認為真的「體系間」價值衝突層次。

◆人的「能動性」與「悲劇性選擇」的不可避免

上一句話內的「承認為真」提供了我們應當如何理解柏林價值多元論的幾個線索。首先，那是對於人類作為「價值創造者」的一種肯定。這種想法與柏林在〈康德作為鮮為人知的國族主義〉一文之中所指認的下述思想元素如出一轍：人才是價值的創造者——這正是人與物的根本差異所在，也是人之所以應當被視為「目的」而非「手段」的原因。當然，根據柏林對於反啟蒙運動思想的歷史追溯，這種想法始於藝高膽大的維科，而非康德，畢竟他所歸功於後者的是作為德國國族主義起源之一的費希特「唯意志論」（voluntarism）。如果柏林的理解正確，此一思想強調了「個人意志」的展現結果，導致了「集體意志」被人過度高舉，成了日後氣燄高張的國族主義。柏林是因為認同維科才有限度地支持了康德的思想，這個推論不無可能。

無論如何，柏林在意的是「人乃價值的創造者」，而這事實的另一面不外是：所謂的「價值」是個單純人為世界的創造物。進一步解釋，柏林的價值多元論向來被視為一種價值本體論（ontology），而正如前文所提及，自由的「兩個」概念的確是一種關乎價值的「存在」與否之本體論意義上的宣稱。不過，如此宣稱並非單純指涉價值的「形而上」層次。一來，這個宣稱不涉及柏拉圖的形上學所指的那個純粹、比現實具體世界更為真實的「理型」（Form）世界，舉凡日常所見的一切實體都是該世界之中的特定理型之翻版（或說山寨版），因此必然不完美且容易腐壞。二來，這宣稱也不暗示所謂的「價值」可以具有某種類似黑格爾所設想的那種歷史理性之「能動力」（agency），原則上可獨立在人類的能動性（亦即可以做決定的意志、意識或具有對世界產生因果關係的能力）之外，必須運用特定的知覺感觀或理性去指認。

相反，柏林所謂的「價值」並非如同房間裡的桌椅，或桌椅上面的鉛筆、橡皮擦那樣地存在，猶如真實物理世界的一部分，但也不像數學或邏輯那樣，是一種所有人都必須接受為真、不受個體差異影響的抽象真理；真正的價值始於一個具有能動性的人作為一個獨立個體的「主觀認知」。一個人願意終其一生致力去追求的「真」、「善」、「美」是如此，一群人共同去追求的「自由」、「平等」、「博愛」也是如此。關鍵在於人是否能在事物上看到特殊的重大意義，並以此為自身的人生目標。

是故，事物之所以有價值，是人作為一個具有能動性的主體所賦予的，其「存在」（也就是本體論上的位階）依附在人的心思意念之上，無論是人生的意義或政治的理想，若是有人願意犧牲一切代價去追求，它就是這個人的生命意義或終極目標，那就是一種「價值」。

事實上，價值多元論所「承認為真」的不只是人作為價值的創造者，以及價值在本體論上是一種依附於人的存在物，也包括了價值衝突底下兩難抉擇的悲劇性。[5] 首先，那意味著一個人並非只能認識一種終極價值，而且可能同時受到不只一個價值的牽引，例如一個革命家可能同時致力於「愛情」與「民族獨立」的追求。再者，一個同時致力於兩個價值的人，一但現實上不可能兩者兼顧時，悲劇性選擇（tragic choice）[6] 將是一種必要。

價值多元論是一種對於道德經驗的肯定，而承認了悲劇或悲劇性選擇其實也意味著：雖然價值的存在取決於人的承認其重要性與意義，一旦人們承認其中所蘊含的「非做不可」或說規範性（normativity）之後，心思意念將受其制約或牽引，不能任意取消（如果可以，當然不會有悲劇）；換言之，悲劇的感受來自於，選擇之後心裡仍然繼續感受到那個未能實現的價值之牽引，是一種失落、對不起的感受，而不是因為已經落實了其中之一而感到慶幸與喜悅——畢竟，被放棄的那一個並非因為被認定為比較不重要，或說在價值的競技場上被徹底打敗，而是因為現實條件上不允許同時實現兩個同等重要的價值。就此而言，價值多元論不僅承認了人們實際道德經驗的真實性，在強調悲劇性選擇的不可避免時，其實也是對於「人類處境」（human condition）的一種根本理解。[7]

◆客觀的「價值群組」與「人類共通性」

當然，作為關於人類處境的根本理解，價值多元論不僅是對於人們主觀視為價值的事物之肯定，也是一種關於客觀事實的陳述。柏林總是不厭其煩地強調價值的「客觀性」。進一步分析其文本，我們可推論出底下的三種意思。

首先，悲劇性選擇以蘊含了一種當事人不能任意取消該選擇所涉及的價值之「不可任意取消」，或說一種獨立於行為主體之外的「應然」——即使如此的規範性始於當事人自主地認同，但，讓自己委身於這樣的價值理念之後卻再也無法假裝他們不存在，不能任意從原初的理解框架之中退出，因此才會在實踐了其中之一的價值之後仍深感虧欠與懊悔。換言之，悲劇性源自於當事人已經認識到了價值的客觀性，也就對自己具有某一種主觀上無法任意解除的牽引，違背或放棄都將會產生一種揮之不去的愧疚感受之規範性。

此外，價值多元論並不否認價值衝突情境仍有理性或合理選擇的可能。論者克勞德（George Crowder）曾在知名的學術期刊《政治研究》（*Political Studies*）嚴厲批評柏林的自我矛盾，因為後者在提出價值的多元與不可共量同時，宣稱自己也認同自由主義。[8] 他的批評論點在於：既然價值多元論意味著價值X、Y，Z等之間不可共量且彼此衝突，那任何的選擇都將是沒有「特別」的理由，因此不可能有理性選擇的可能，畢竟，如果可以說得出其中一個具有最好的選擇理由時，那等同取消了衝突，甚至是整個價值多元論的宣稱；是故，柏林既不能優待「自由」，也不可捍衛與自由主義互競的其他政治理論或意識形態。

柏林與其摯友倫理學家威廉斯（Bernard Williams）合寫了一篇文章做出反駁。[9] 該文指出，某人承認X、Y，Z等價值的彼此衝突，不代表他不具有任何的「理由」可以擇取其一，相反，正因為每一個價值都有其獨特的理據所以才值得委身，而擇取其一並不代表取消了其他兩個價值的依據，才會感受到衝突，所以悲劇性的選擇也不意味著非理性選擇。不僅如此，柏林與威廉斯進一步說明，面對道德兩難時，若將具體的情境考慮在內，當事人或有可能在同時深感兩個價值之外多了另一個現實條件的理由，選擇了其中一個。這類的「客觀」現實條件或許是時間的因素，人事的特殊處境，抑或個人生命故事的獨特脈絡（例如，忠孝不能兩全者可以選擇繼續當一位孝子，或曾經盡過孝道所以這次選擇了盡忠），多了兩相衝突的價值本身之外的脈絡性合理因素，是為另一種客觀性。

再者，正如上述例子涉及的「忠」與「孝」都是華人社會可以指認的重要價值，不同的文化各自有其核心的價值，即使有排序，在特殊情境底下也可能產生衝突，且難有跨文化脈絡的單一排序，不過，柏林一再強調，一個文化能肯定的核心價值不可能無限多，而人類所能確認的

「價值群組」（constellation of values）雖然在不同時代有範圍上或內涵上的差異，但必然受限於人的理解能力。[10] 換言之，不同時代的人類所能共同接受的價值有其界限，也就是能否「為人所理解」（intelligibility）[11] 抑或具有「互相溝通」（intercommunication）之可能[12]——例如，當一個人抱著某棵樹親吻說那是他的人生意義或終極目標，或許他人難以理解，因此那棵樹稱不上人類的共有「價值」。是故，某人的追求能否為他人所理解，本身就是一種客觀性。

上述第三種關於價值多元與衝突的客觀性，其實也就是當前哲學學界所謂的「互為主觀性」（inter-subjectivity）。雖然如此的「客觀性」理解或許會招致科學家們的批評，認為這仍然具有某種「人為的主觀成分」在內，因此不夠客觀。對此，柏林的反駁將是維科式的回答：人文領域與科學領域有別，後者的客觀性可界定為任何人自行做實驗將可達到的同樣結果，因此不受人的主觀因素影響。然而，前者若以歷史研究為例，客觀性則指涉人們是否對於歷史證據忠誠的呈現，不加以過於主觀的詮釋，以及提出的解釋置於具體脈絡之中是否合理——他人若願意盡一點努力理解其研究內容，將可理解，而這種獨立於作者一人的主觀也是客觀，且是一種性質上真正適合人文領域且本質上不下於科學實驗所能達致的客觀性。

無論如何，柏林將「價值群組」理解為一種得自於「類經驗觀察」（quasi-empirical observation）的客觀知識，[13]關於一個特定社會或一段人類歷史乃至人類歷史整體的價值群組，必須透過針對該社會或歷史進行維科式的「同情理解」才能確立，且因任何人亦可以同樣方式來理解與確立，這些價值的存在具有一種人人可理解的客觀性。

一言以蔽之，人類的歷史證實了諸多的文化與生活型態的價值。多元繁複的價值曾為人類視為終極目的來追求，至今也能為人所理解，因此，價值多元論本身是對於人類處境的現實描述，其真實性已由歷史所證實，任何人若願意運用自身的「共通人性」（common huranity/common human nature）或「人類共通性」[14]去同情理解，將能理解該描述的確鑿。換言之，價值多元論既是柏林本人的現實感與歷史感之展現，同時也是他對於人類史上各種生活方式與人生追求之同情理解的結果。

熟悉羅爾斯（John Rawls, 1921-2002）政治思想的人，也許會把藉此得出的關於某個特定社會或時代之價值群組，甚至柏林所謂的「普世價值」（universal values），抑或價值上的「人類共有尺度」（the common human scale）、「人類的共同視域」（common human horizon）[15]，理解為一種「重疊共識」（overlapping consensus）。[16]不過，其相似之處相當有限。因為，柏林所能承認的「共識」其實相當地單薄，正如追求「自由」乃人類之共識，但僅止於相當抽象的層次，至於哪一種方式才是真正的自由，將存在多元繁複且相互衝突的理解。是故，柏林對具體層次的制度設計上的政治共識（包括對不同價值概念與道德原則的理解、選擇及其內涵之確定）相當存疑，也因此對這一位遠從美國來的學生所提出的分配正義理論，一直抱持保留態度。

| 第九章 |

價值與理想的追求，必須止於「相對有效性」

實踐自己的信念時，能夠止於相對有效性但又堅定不移地捍衛，是一個文明人與野蠻人的區別所在。

——熊彼得（Joseph Schumpeter）❶

柏林的政治思想格外引人矚目的是，他在倡議價值多元論的同時宣稱自己為自由主義者，因此引起許多政治理論學者對此做出詮釋，試圖找尋其關聯性。然而，柏林本人卻不只一次強調價值多元論與自由主義兩者之間並無邏輯關聯，換言之，價值多元論者亦可支持自由主義，而自由主義者其實也能擁抱一元論。

另一方面，不少論者也批評柏林的價值多元論無異相對主義，畢竟，前者在主張價值體系之間的不可共量性時，等同否認了跨文化價值評斷的可能，而且柏林援引來論述價值多元論的維科與赫爾德兩位思想家，向來也被理解為不相信「普世真理」（universal truth）的相對主義者。對此，雖然柏林做出反駁，但他的確在〈自由的兩種概念〉一文借用了前述熊彼得那一句話來作結，提醒人們在追求價值理想時必須止於「相對有效性」（relative validity，或相對正當性），令他的思想難以脫去相對主義的色彩。

價值多元主義與自由主義的關聯性，無疑是當前研究柏林政治思想的學者最關切的主題。不過，在探討此一議題之前，我們仍需進一步檢視柏林所謂的「多元論」（pluralism）——畢竟，當前學界慣用的「價值多元論」（value pluralism）[2]一詞並非柏林所創，而且他本人向來使用的「多元論」一詞，不僅包括對於人類處境或終極價值的事實描述，也包括一套適當的理論與實踐層次的因應之道，而細究這些因應之道方可釐清多元論與自由主義的關聯性。本章聚焦於此，目的在於延續前文對價值多元論作為一種「歷史現實」的討論，進而指出多元論內在的道德意涵，以及外延的理論方法與政治實踐的限制與可能方向。最後，相對主義與多元論的差異也將得到釐清。

◆作為多元論核心的價值多元論，及其敵人

首先，讓我們再次確認價值多元論其實是柏林的多元論之一環，而且是核心的一環。正如前文提及，柏林指出的蘇聯共產極權「一元論」元素，不僅包括了馬克思主義對社會政治的運作化約為經濟邏輯、對歷史方向的必然性理解，以及歷史必然性作為衡量一切思想與行動的唯一判準，同時加上展現於普羅克汝斯特「切足適床」手段之中那種一切以理論為依歸的信仰；換言之，柏林憂心的一元論不僅包括理論層次上對於單一價值的無限上綱，同時也包括採取單一角度來理解世界，以及為達抽象理論之目的而不擇手段，甚至把人當工具看待的心態。因此，作為回應的多元論也涉及了理論與實踐的多重層次。

如果價值多元論為真，單一價值作為一切事物衡量標準的想法首先必須被排除，人們在實踐理論的時候也不該無限上綱抽象層次的概念，更不能把真實的具體人事物壓入理論的模型。換言之，價值多元作為一

種必須尊重的事實，意味著政治的理論與實踐也必須處於一種特定的關係，應當有所節制，亦即價值多元論本身具有方法論與實踐上的規範性意涵（normative implications）。事實上，柏林用經濟學家熊彼得的話來強調的「理念的追求必須止於相對有效性」也必須置於此一脈絡來理解。

進一步解釋，讓我們在此關心一下價值多元論的首要敵人，也就是那些企圖取消掉價值衝突的理論家。他們至少有三種類型。第一種理論家嘗試將兩相衝突的其中之一，重新理解為其真諦乃與之衝突的另一個價值，例如，一般認為存在衝突的「自由」與「權威」之間，論者可以將前者重新界定為：真正的自由就是服從真正的權威。柏林最念茲在茲的就是提出此類學說的積極自由倡議者。主張「自由就是遵守自己所制定的法律」並允許特定時候人們可以被「強迫自由」的盧梭就是一例。

雖然這首要是一種理論層次上的工作，涉及了概念的重新界定，但是，由於重新界定之後的概念將會回頭過來規定我們應該如何理解現實世界的人事物，此一策略嚴格說是一種關於人類經驗的重新理解，因此也是一種世界觀的轉化。更明顯的例子是援引「分裂人格」想法的重新認定，例如宣揚「犧牲小我、完成大我」的國族主義理論，將國家與個人重新理解為「大我」與「小我」的同時，若同時也主張個人的靈魂乃「國魂」的一部分，因此原初以為的衝突其實是「同一個我」的內在衝突，這種轉化絕不僅止一種「比喻」，而是一種形而上的宣稱，涉及了一種關於個人所不可能獨自掌握或完整認知的另一個「真實世界」，也是對人的一種化約（reductionism），使之淪為一個集體的組成元素，不再是具有獨立地位與意志的個體。

第二種價值一元論者則是將人們以為衝突的兩種價值重新界定為邏輯上彼此「互相蘊含」，從而消解衝突以及多元的政治哲學家。強調「自由的實踐等於理性之運用」的康德是為一例，但當代知名法學者德沃金（Ronald Dworkin, 1931-2013）在其名著《至上美德》（*Sovereign Virtue*）之中，將「平等」（equality）解讀為「所有人享有相同自由」之實踐，則是康德策略的一種延續，而如此絕頂高妙的哲學理論，按照柏

林的理解也是一種消解衝突的企圖。❸

再來是直接高舉單一價值來否認其他各種價值之終極或絕對性，或者將所有其他價值理解為某一至高價值的各種面向或層次的論者。例如，邊沁（Jeremy Bentham）主張「效益」才是唯一真正的價值，而且這價值必須理解為「快樂」，因此，「最大多數人的最大快樂」就是事情對錯的唯一判準。❹此一效益主義既是一種「價值一元論」，也因為認定舉凡一切宣稱追求其他價值的行動都可以理解為間接追求快樂的手段，所以所有的價值皆可放在同一天秤上來衡量，換言之，「價值不可共量」乃是假象。基督教倫理學向來將「正義」與「寬恕」統攝在一個基於「聖愛」（agape）——上帝的愛——的大理論底下，不僅讓所有相互衝突的價值得以化解，所有人之間乃至人類與上帝之間也從而可以得到和解，也可以理解為這類的價值一元論案例。❺

◆鑲嵌於價值多元論的道德立場，及其政治意涵

上述諸多消解衝突及其伴隨而來的悲劇選擇之策略，都涉及了理論工作，而藉此得出的（重新界定）概念都意圖告訴人們，原初以為的衝突其實都不過是「表面的」現象或錯誤的認知所導致，一旦深入理解，會發現其實並沒有衝突或根本上可以藉由理性排序來解決，因此悲劇性選擇其實可以避免。當然，除了重新界定之外，反對價值多元論者也可以高舉系統性的道德理論，來否定人們道德經驗的真實性，從而認定柏林對於這些經驗的肯定，不過是一種拒絕進行理論深究，甘願將表象視為真理的懶人做法，本質上與相對主義無異。

對於不願深究的批評，柏林習慣援引英國聖公會主教巴特勒（Bishop Joseph Butler, 1692-1752）的名言作為回應：「任何東西都是它自己，不是另一個東西。」——偶爾，他會接著說：「自由就是自由，不是平等或公平或正義或文化，也不是人類幸福或者心安理得。」[6]

柏林的回應意味著，首先，他當然明白概念可被重新界定甚至徹底改造，然而，他也指出，學者最大的問題在於，他們往往比較在意想法是否有趣，而非是否為真或符合現實，但是，「沒有任何先驗的理由可以假定，當真理被發現的時候，必然會有趣」！[7] 正如他在〈自由的兩種概念〉借用詩人海涅的話所提醒，引人入勝的高妙想法與理論，可能摧毀一個文明；是故，與其競逐概念的轉化或脫離現實的理論建構，柏林寧可忠於人類的親身感受。換言之，在理論與經驗之間，柏林選擇了後者作為理論建構的基礎，而不反過來以抽象理論來規範人們的真實具體經驗。

不可否認，忠於實際經驗的堅持也是一種道德立場。對於一個人親身感受到的道德兩難與抉擇之後仍舊存在的一絲懊悔，柏林不會告誡他說：「做人不可過於貪心，能實踐一個價值應當感到開心或心存感激。」這種立場的倫理意涵並非完全同意當事人對於道德原則的選擇或判斷，而是認同他是一個與自己相同，具有理性與獨立意志的主體，其選擇必須受到尊重。就此而言，柏林不僅同意康德關於「人本身是目的，不是手段」的主張，甚至往前推了一步，在尊重一個人的自主性時，也必須尊重其選擇與感受。

這是價值多元論的內在倫理意涵，不過，這倫理意涵也構成了對於政治的理論與實踐之限制。柏林下述關於「自由」與「社會秩序」的討論，完整地說明了如此的限制以及因應方式：

> 我們無法犧牲自由，或者維護自由以及最低標準的福祉所需要的組織與安排。解決之道，於是必然在於邏輯不甚工整又具有彈性，甚至於曖昧的妥協。誠如康德所言，人性這塊扭曲的木材，不曾造就過筆直的事物，每個情境都有自己獨特的解決方法。這個時代所需要的並非（如同我們所經常聽到的）更多的信仰、強勢的領導，或是更科學的組織管理，反倒是相反：少一點救世主心態的熱情，多一點開明的懷疑（enlightened scepticism），更加容忍特立獨行的行

> 為，更多時候採取因時制宜（ad hoc）的方式於可見未來完成目標，也多留一點空間給品味與信念給得不到大多數人回應（其正確與否不是重點）的個人或少數族群，讓他們可以達成個人的理想。時代需要少一點機械式或狂熱地套用一般原則，無論該原則有多理性或多正當，而且在套用經科學驗證而認可的解決方案於未經檢驗的個案時，需要多一些謹慎，少一些狂妄與自信……我們必須服從權威，理由不在於它絕不可能犯錯（infallible），而是出自於純粹且顯而易見的效益考量，也就是必要的權衡之計（necessary expedient）。[8]

這一段話出自於《自由四論》首篇〈二十世紀政治觀念〉[9]的結論，旨在反對以抽象邏輯的方式解決政治與道德的問題，強調因時制宜的必要性，也就是一種強調現實脈絡與社會、歷史條件的「個殊主義」（particularism）的立場，印證了本章至此關於價值多元論的解讀。更重要的是，柏林的話亦可理解為關於何謂「相對有效性」的注腳。

◆多元論的假朋友及「相對有效性」的真正涵義

進一步解釋，此時必須指出的是，對於價值多元論其實等同於相對主義的指控，柏林曾以〈十八世紀歐洲思想當中的所謂相對主義〉一文重申，源自維科與赫爾德的多元論並非一種「主觀主義」（subjectivism），而是關於客觀多元價值的陳述；[10]相反地，舉凡一切宣稱倫理道德不過是個人情緒、慾望表達或文化習俗的各種主張，包括邏輯實證主義、存在主義以及許多國族主義與文化人類學理論，才是真正的「相對主義」（relativism），因為這些主張否認跨文化相互理解的可能。

換言之，柏林所謂的相對主義者不僅否認跨越時空的真理或價值之存在，同時也據此拒絕嘗試在「不可共量」的文化之間進行溝通或對話，從而只能消極地或宿命式地接受政治或武力的衝突，例如正在肆虐全球的極端宗教衝突，也就是恐怖主義與反恐活動。然而，正如前文指出的，柏林在承認價值體系間的不可共量時，卻強調跨文化同情理解的可能以及客觀「價值群組」的存在。

甚至，正如前文提及柏林也指出，走向極端的相對主義者說穿了不過是一種「虛無主義者」（nihilist），因為，對他們而言其實沒有任何真正具有規範性的價值，換言之，他們在宣稱是非對錯一切都是個人選擇、相對於文化的時候，等同將事物的規範力量置於個人的慾望喜好底下，根本是對於「終極價值」的一種徹底否定。是故，相信多元價值但否認溝通之可能的相對主義者嚴格來說是柏林的假朋友，至於骨子裡不相信客觀價值存在的虛無主義者則不只不是朋友，根本就是另一種敵人——畢竟，在他們眼裡，價值不是「多」，而是比「一」還少的「無」！

無論如何，柏林對於「相對有效性」的理解並非相對主義者所主張的「價值是相對於個人好惡或文化的東西」，而是在於「妥協」（compromise）之必要。[11] 其首要意思當然是指沒有一個價值可以被無限上綱，也就是被當成是唯一的價值，然後排除了所有其他價值的落實可能。畢竟，人類的價值多元繁複，不只一個，因此沒有任何一個具有壓倒其他的特權，試圖落實任何一個的時候，都不該封閉其他價值的實踐空間。此時的「相對性」指的是「其中之一」相對於「其他所有」，意味著：身為其中之一的價值，其得以被實踐的空間最多也僅能占據作為其中之一所應得的空間。

繼續以忠孝不能兩全的例子來說明，在現實只能落實一個價值的條件底下，擇一當然是不得已的解決之道，只是無論選擇了哪一個，之後必然會感受到某程度的惋惜或懊悔，但其實這也是一種與現實條件的「妥協」；另一個可能是，試圖兩者兼顧但沒有一個價值能徹底落實，這當然也是一種「妥協」，而且是柏林所強調，人生難以避免的「動輒得咎的平衡」（precarious equilibrium）[12]或「坐立難安的平衡」（uneasy equilibrium）。[13]畢竟，在此情境之下當事人必然對於兩者都感到心有虧欠。姑且不論是否符合熊彼得的原意，上述兩種做法都是「相對於現實條件」所允許的正當範圍內之妥協。

同理類推至整個社會，「一個人」在追求自己的價值時，行事上既不能以為自己所追求的是「所有人」都已經或應該接受的價值，也不能獨自占用了別人同樣也需要的社會資源與空間，才是合理。事實上，這正是柏林所謂的「自由主義倫理」（liberal morality）[14]之特徵。之所以是一種倫理，原因當然在於這意味著「視他人與自己平等」，亦即承認他人跟自己一樣也具有自主意志與追求個人信念的權利。換言之，個人在追求特定的價值時，必須認清該價值「相對於他人」並不具有絕對權威，因此，不可以為了自己（的理想）而犧牲了別人落實他們的理想之機會。

這種彼此各退一步的做法當然也是一種妥協，而且，根據柏林的理解，這是一種自由主義式妥協，也是權衡之計：人人享有消極自由的權利，其實同時落實了「自由」、「平等」（equality）與「公義」（justice）三個自由主義的核心價值，但並不無限上綱其中任何一個，因為此時的個人自由並非絕對，平等也僅止於機會上或形式上的保障，而非實質，公義在此則尤指彼此互惠且共享自由安定——更重要的是，消極自由乃人們追求理想與人生目標所需的現實條件，是故，捍衛消極自由的同時，也等同間接落實了諸多個人所欲追求的價值。

對柏林而言，在這樣的社會安排底下，人人有所犧牲，也因此能享有相當程度的自由，這既是一種相對於人類根本現實處境的妥協，又是一種顧及各種「相對有效性」之下所盡可能滿足最多人、允許最多價值得以實踐的務實安排。稱此為一種自由主義的政治願景，應該不為過。

| 第十章 |

提防刺蝟的
狐狸型自由主義者

> 狐狸懂的事很多，而刺蝟只會一件大事。
>
> ——阿爾基羅庫斯（Archilochus）[1]

> 底下兩種人之間存在一個極大的鴻溝：一方是那些總把所有的事情連結到單獨一個核心想法，一個或多或少的連貫且清晰的體系當中……另一方的人則追求著許多彼此無關聯，甚至相互矛盾的不同目的……第一種思想或藝術性格屬於刺蝟，第二種是狐狸。
>
> ——柏林，〈刺蝟與狐狸〉[2]

柏林是一個愛好文學、音樂、藝術的思想家，接任牛津大學講座教授當年，其實也身兼英國皇家歌劇院（Royal Opera House）的董事，而他的音樂家好友還包括了著名的大提琴家羅斯托波維奇（Mstislav Rostropovich）和鋼琴家布蘭德爾（Alfred Brendel）。[3]事實上，他轉向政治思想史研究之前的作品多是文藝評論，其中最有名的不外是一九五三年發表的文章〈刺蝟與狐狸〉（The Hedgehog and the Fox）。該文借用了西元前七世紀的古希臘詩人阿爾基羅庫斯前述那一句話，將文人與思想家分為兩種，一種是把一切連結起來形成一個系統的刺蝟，例如但丁、普魯斯特與杜斯妥也夫斯基；另外一種則是相對散漫沒有系統的狐狸，像是莎士比亞、蒙田與歌德。

此一區分對之後的文學批評影響不小，文論批評家李歐梵教授就曾受此啟發而寫了一本《狐狸洞話語》，[4]並以「狐狸洞主人」自居。或許這不過是無心插柳柳成蔭，不過，刺蝟與狐狸的區別不僅適用於文學家，也同樣適用於思想家與政治哲學家。

更重要的是，這兩種類型也同樣適用於不同讀者的區別，包括柏林的書寫對象。他以狐狸自居，終其一生透過各種書寫、廣播與公開演講，致力於讓他的讀者理解各種不同的思想家及其理論，同時呼籲他們去「同情理解」不同的文化，也就是不定型為刺蝟。換言之，他不只在尋找存在的同伴，也想方設法讓接觸到他思想的人成為狐狸。然而，嚴肅看待他的學者似乎都是過於認真的刺蝟，因為他們試圖從柏林的思想提煉出一套系統性政治理論，專注於「價值多元論」與「自由主義」兩者之間的邏輯關聯，也因此忽略了柏林這一隻狐狸的微言大義：如何不讓自己——以及他人——成為一隻刺蝟？

◆拔刀相助的刺蝟朋友，招招是邏輯

柏林是一隻狐狸，且是一隻尋找思想史上的同伴，並努力提醒讀者小心各種政治理論與實踐上的刺蝟之狐狸。不過，他的思想卻格外受到刺蝟型學者的關注，不管是批評或友善對待皆有。

批評他的不意外地，包括上一章提及的各種價值多元論之主要敵人，理由也不外乎是價值多元論難以和相對主義區分，抑或不同的價值之間的理性排序（因此沒有悲劇）、邏輯上相互蘊含（衝突僅是假象）乃至於終極和諧（根本沒有衝突）其實是可能的，甚至，舉凡一切真正值得追求的皆可統攝於某一個「至高的善」（summum bonum）之下。這類批評對於柏林而言肯定不意外，畢竟，他的批評便是直接針對他們，而且他也深知此類思想的誘惑力——亦即，一如〈自由的兩種概念〉的結語所暗示，對許多人而言這是一種「形而上的需求」，但卻是一種道德與政治心智尚未成熟的展現，性質上與孩兒對確定性的渴望無異。

前文提及，柏林說學者的麻煩在於他們看重理論遠過於現實，其實更麻煩的是，支持價值多元論的學者似乎也有同樣的傾向。過去二十年來最看重柏林政治思想的葛雷（John Gray），似乎就逃不過這魔咒。大抵而言，葛雷對柏林的詮釋可分成三個階段，層層探究價值多元論與自由主義的邏輯關係。根據他在九〇年代初的詮釋，價值多元論強調人類價值的多元繁複與衝突之主張，邏輯上通向一種「後自由主義」（post-liberalism），亦即理論上不獨惠「自由」、「理性」與「寬容」等自由主義核心價值，反之，應該支持一種允許不同價值與理想互相競爭的制度，並接受悲劇性價值衝突的可能。換言之，價值多元論支持一種「競爭式政治」（agonistic politics），[5] 並反對那些企圖消弭價值衝突的主流自由主義政治哲學。

這種想法在第二階段具體化為一種「競爭式自由主義」（agonistic liberalism）的主張。[6] 雖然延續了前期對於單一社會底下多元價值的衝突，此時的焦點則轉移到價值體系之間的價值衝突。一方面強調國際上存在多種文化，彼此既不可共量，也不該以特定的文化模式作為其他社會的「進步」方向，二來強調西方的自由主義憲政民主不過是源自於基督教的特定文化，因此不但現實上不「普世」，理論上也並非「普適」於其他非西方國家。換言之，「競爭」政治的特色已由不同價值（概念）的互競轉為不同文化之間的競爭，而自由主義如此一來也不過是多種文化傳統之一，既不具先驗的優先性，且必須與其他文化競爭才能證實自己的有效性。「後自由主義」在此則是一種關於國際政治現實的描述。

葛雷的第三個階段則採取了柏林所倡議的思想史作為策略，首先將自由主義的起源追溯回霍布斯的「暫定協議」（modus vivendi）概念，指涉十七世紀用以結束宗教戰爭的「寬容」（tolerance）策略，允許不同領土上的君主自行決定自己的基督教宗派；再來，將柏林倡議的「妥協／權衡之計」重新解讀為暫定協議，因此不同於羅爾斯那種延續啟蒙運動的自由主義，一方面把自身經驗當作普世真理，一方面在拒絕宗教理由進入公領域的同時，自己卻提出一個彌賽亞主義色彩濃厚的政治烏托邦。[7]

葛雷的推論依循一種預設：「價值多元論」與「自由主義」存在一種特定的邏輯關係，無論是相斥或相互蘊含，也就是首先把兩者當作相對獨立的抽象論述，然後開始建立兩者之間的某種單一方向的關聯。其論證策略基本上無異於上述的價值一元論者，他們先將不同的「價值」理解為概念上彼此互相獨立的「抽象概念」，再去尋找不同抽象概念之間的邏輯關係。

不僅如此，葛雷也仰賴一種相對主義的邏輯。他一方面將所有的價值衝突都理解為同一層次的「價值不可共量」，另一方面把不可共量理解成一種不規範性上的各自獨立且相互絕緣，於是，一旦價值衝突發生，除了深陷對立的那些價值本身，我們沒有其他的判斷依據，必然會進入一種因此非此即彼的相對性。當然，第三階段論述引入了「和平共存」提供一個出路的方向，但由於暫定協議的必要性來自「活命要緊」的理由，而致命的危險本身又源自於對立價值的不可共量；後者才是前者的先決條件，且不脫相對主義的邏輯。

◆狐狸與刺蝟的雞同鴨講

另一位柏林思想的主要詮釋者是克勞德。第八章提過他曾撰文批評價值多元論既不能支持自由主義，且等同於否定了理性選擇價值的可能，但根據柏林與威廉斯的共同回應，價值衝突並不否認「合理」（reasonable）選擇的可能，畢竟，價值衝突只能出現於具體的脈絡之中，而具體的脈絡本身即可能存在兩相衝突的價值之外的其他規範性因素，而據此做出的選擇仍屬合理範圍。[8]克勞德隨後接受了柏林與威廉斯的解說，並從而主張價值多元論其實邏輯上通往一種強調「自主性」（autonomy）的「啟蒙式自由主義」，因為價值的多元與衝突迫使人們必須更善加運用理性，而且不同的情境底下必然有一個最合理的解決方案。[9]

如此一來，柏林與亞里斯多德接軌，價值多元論被轉化為一種肯定「實踐智慧」（practical wisdom/phrónēsis）的價值理論，而柏林真正支持的自由主義原來是奠基於自主的「積極自由」版本。這轉向似乎矯枉過正了。

之所以如此，原因是他不變的刺蝟思維。我們之前已經提過他早期的批判基本上採取了底下的論證策略：既然多元論意味著價值間的不可共量，那邏輯上我們沒有「特別」的理由可做出理性的選擇，因此如果有的話，那我們已經有了排序，亦即取消了不可共量。關於柏林，他聚焦於底下這一句話：

> 在我看來，比起那些企圖藉由宏偉、有紀律的威權體制來落實階級或民族甚至是人類整體「積極」自我作主的理想，多元主義以及它所蘊含的某程度「消極」自由，似乎是個較為真實（truer）且更加合乎人道（more humane）的理想。較為真實，是因為它至少能正視人類的終極目標既多元且不斷相互競爭，有些甚至於無法「共量」（commensurable）的事實。[10]

克勞德指出，柏林在此高舉了「人道」，但某事物必須先「符合人性」才能說是「合乎人道」，所以這種想法本身預設了一種人性觀，然而歷史證據並不能證實人類天生熱愛自由，反例倒是不少。針對柏林所說，人類在實現價值理念的過程之中必然有所犧牲，且「正因為人類身處如此的情境，才會如此看重選擇自由（the freedom to choose）的價值」，[11]克勞德也同樣反駁道，此一論點的先決條件是上述的人類處境必須「屬實」，但柏林並無決定性的經驗證據。

除了缺乏歷史或經驗證據之外，克勞德當然也認為柏林無論高舉人道或選擇自由，本身也自相矛盾，畢竟這是他批評盧克斯（Steven Lukes）與威廉斯的主要論點。[12]盧克斯曾說，如果理性無法迫使我們接受兩相衝突的價值之一，那我們只好選擇「寬容」這自由主義的核心價值。[13]威廉斯則主張，允許價值「多樣性」（diversity）的最好方法是自由主義制度，而後者也最能彰顯價值多元的「真實性」（truthfulness）。克勞德認為上述兩人的論點不過是針對「寬容」、「多樣性」、「真實性」三個價值的捍衛，然而這根本違背了價值多元論的內在邏輯：「多」如果為真，就沒有特定的好理由來擇取其「一」。

克勞德上述的批評似乎假定，成功的「證成」必須揭示某種邏輯必然的關係，也就是價值多元論與自由主義之間必須被證明為一種「若且唯若」（if and only if）的關係——以符號表示，也就是「a ⟷ b」或

「a→b而且b→a」，然後據此假定進行推論。這種一元論思維無疑是刺蝟們建構系統時所仰賴的推論方法，但也同樣隱藏於克勞德的新詮釋。無論當他說每一個具體情境都有理性選擇的可能，或宣稱允許多元價值的存在將迫使人們更加善用理性、培養自主性，其實都是此一邏輯在運作。然而，正如上一章我們討論過的柏林那一段話所強調，面對價值兩難時，「解決之道，於是必然在於邏輯不甚工整又具有彈性，甚至於曖昧的妥協」，[14] 矯枉過正的克勞德再次背離了柏林本人的倡議。事實上，柏林接著還說：

> 既然沒有解決方案可以保證不會出錯，沒有所謂**最終**的安排。相較於鬼斧神工所刻劃，強加於事物之上的樣板模式，或許那些脈絡不甚嚴密的思想，以及對於在所難免的效率問題之**容忍**，乃至於有些耽溺於閒談、無聊的好奇、不受指揮的漫無目的追求等等，也就是「炫耀性浪費」，更能允許**自然而然的**（spontaneous）個人差異

（當事人必須為其負起最後的全責），也總是更有價值。[15]

柏林這一隻狐狸呼籲的是：我們必須「容忍」這一個邏輯不甚工整、難有最終安排的世界。換言之，容忍本身不是一種人類追求的終極「價值」，而是一種為了允許人們追求各種價值而必須採取的必要妥協。試圖直接從「容忍」作為一個價值，推論出邏輯上支持自由主義的克勞德，是不懂這一件大事的刺蝟！

近年來藉由倡議「共和自由」（republican freedom）來挑戰柏林的學者，似乎也有雞同鴨講的現象。例如，主張自由乃「不受宰制」（non-domination）的佩迪特（Philip Pettit），[16]意識到人可能藉由討好他人來取得不受其干涉；事實上，這不但是一種依賴，更是一種不自主——正如前文所提及的那種「矯情」的賤人。真正的自由是避免他人的任意干涉，包括決定（或取消）我們的選項。應用於政治領域，那意味著人民必須自組政府，自訂法律，並嚴格監督其運作，不受政府任何形式的任意干涉（宰制）憲政體制的保障當然是一種必要，但不充分，更重要的是人民的政治參與能力。

事實上，〈自由的兩種概念〉論及了「政治參與」作為一種「自由」的政治理想，且將此理解為一種積極自由的追求。畢竟，其具體實踐不在於保障個人的選項，亦非讓門開得愈多愈好，而是「所有人參與集體生活的立法與行政過程」。[17] 再者，其自由指的是人民作為一個集體相對於政府的關係，亦即當自己國家的主人。柏林斷定這不是一種消極自由的追求，亦非「現代」的政治理想，因為後者預設了個人主義，追求的是個人不受任何他人干涉的自由。[18]

另一方面，鑑於柏林將追求國際承認的國族主義，理解為一種同時追求集體層次不受他國干涉以及當自己主人的混合式自由理想，他或許也會如此理解所謂的「共和自由」。因為，那實際上涉及了：

一、集體上的「人民」自我作主。

二、不受政府任意干涉。

三、認定積極地政治參與才是最佳的保障方式，比單憑以法律限制政府或藉由他人進入國會代議，更加有效。

前兩點分別涉及了積極與消極版本的自由，且共同指向了「共和自由」在概念層次上的混合性質。第三點則涉及了積極自由的因果關係主張，有待經驗檢證，但根據柏林對歷史的理解，其實踐有時反而會讓個人受制於集體的意志，不但權益受損，且有集體宰制個人之虞。但更重要的是，佩迪特的理論是在不同層次採取了消極與積極自由的混合體，稱不上可作為消極與積極版本之外的「第三種」自由概念。

◆多元論的自由主義政治意涵

無論如何，柏林這一種狐狸懂得底下各種層次的區分：自由作為一種政治價值，在「概念」、如何彰顯或落實其價值的「原則」、結合其他概念與原則所構成的一套「理論」等三個不同抽象層次，以及試圖實踐上述不同層次的實際做法；包括必須做出怎樣的現狀改變、妥協乃至犧牲等各種可能的具體策略。人們追求自由理想時必須考慮的多重層次，絕不可混為一談，且尤須容忍現實層次上，「人性這塊扭曲的木材，不曾造就過筆直的事物」！

柏林對政治哲學家的「容忍」呼籲，實則可理解為自由主義思想的方法論轉向。進一步解釋，就思想史而言，「寬容／容忍」（tolerance／toleration）概念的發展基本上可分為「國際政治」、「憲政體制」以及「公民精神」三個階段，亦即：

一、結束歐洲三十年戰爭的「教隨君定」（Cuius regio, eius religio）政治妥協，葛雷將這十七世紀的政治策略理解為一種「暫定協議」，並認為其哲學論述可見於霍布斯的思想。[19]

二、教隨君定之後並未徹底解決宗教紛爭，因此政府仍須面對內部的教派分裂，於是必須允許人民自行選擇教派的自由。洛克一六八九年的《論宗教寬容》是其經典論述，主張政府既沒有能力讓人民成為虔誠教徒，且如此關乎永生或下地獄的大事，也不該交由政府決定。[20]

三、進入十九世紀之後，約翰・彌爾大聲疾呼民主社會的公民必須尊重異己，寬容特立獨行的人。[21]

柏林的「容忍」概念則其實在「政治」、「道德」與「理論」三個不同層次分別指涉：允許追求各種價值的政治措施、尊重個人選擇與差異的寬大心胸，以及建構政治理論時不忘現實感與歷史感。前兩種指涉與寬容作為自由主義的政治安排與公民精神兩方面契合，但第三種則是針對深陷於意識形態衝突的二十世紀所做的呼籲，隨著科技進步與主權國家的現代化，新的一種人類獻祭方式出現，真正讓柏林念茲在茲的不是洛克式自由憲政理論，也不僅僅是彌爾擔憂的民主多數暴力，還有思想的力量，尤其是那些把人當陶土，把政治社群當藝術品來形塑，甚至想把真實世界壓入理論模型的高妙政治理論。

博覽群經的柏林當然知道，政治理論的高妙之處在於論者可以將現實世界與理論世界混為一談，而訣竅是採取各種類比與隱喻，讓抽象概念替換具體現實，抑或以邏輯取代歷史。偉大的政治哲學家如刺蝟般企圖建構一個系統性大理論，解釋一切，指向終極願景，並安排人類走向未來的每一步。他們往往不只價值理念上是一元論者，在政治理論方法論上也是，信奉理性推理與邏輯演繹為理論建構的唯一方式，也可能將某一領域的人類生活類比為另一種領域，然後套用後者的邏輯——將歷史理解為邏輯辯證的黑格爾如此；採取經濟角度來解釋一切社會、政治現象的馬克思也如此，而當今高舉市場邏輯可應用於公部門，甚至人生各種領域的新自由主義（neo-liberalism）也是如此。[22] 然而，這些偉大的理論家忘了他們在邏輯上的每一步推理，都可能轉化為現實上對於活生生的個人在現實生活上的每一個枷鎖、對於個人自由的每一種限制，而指向一個遠方願景，將其當作人類未來的必然時，其實也取消了人類的其他走向之可能。

柏林這一隻狐狸想提醒讀者的是，關於烏托邦細節的每一個描述，都是對於個人思想自由的一種否定；若有一個強人試圖將此生搬硬套在活生生的人類社會時，則意味著個人乃至於集體的消極自由之取消，美夢將淪為噩夢。他當然也理解，人類的想像力與創造性必然（也應當）進入政治理論領域。

據此，即使我們持有一個積極自由的理想，期待一個克勞德所謂強調自主性的啟蒙式自由主義，我們在現實的制度安排上也僅能保障消極自由，希冀人們能夠善用這樣的自由去追求自己的積極自由理想，並且在行動上懂得止於相對有效性。身為十九世紀自由主義代表的約翰・彌爾，在捍衛個人自由的時候也呼籲人們進行生活試驗（experiments in living）來追求自己的幸福，或至少從中區辨什麼是適合自己的「高階快樂」（higher pleasure）[23]——換言之，對於人們從個人自由走向理性自主的期待，僅能當作一種政治盼望，而之所以只能盼望，是因為我們不能幫他人做決定。

事實上，上述的「生活試驗」想法，是柏林在詮釋彌爾時的重新發現，也是《自由四論》最後一論的重點。[24]比起克勞德的新論，如此理解的彌爾式自由主義似乎與柏林的多元論內涵與精神契合許多。無論如何，柏林捍衛自由的方式是努力透過書寫，讓尚未定型的讀者看見人類價值風景裡的多元繁複，也讓他們理解何以刺蝟側看成峰，但狐狸卻橫看成嶺，希望他們能從中理解到自己深信不疑的理論，不過是眾多可能之一。對於已經是刺蝟的讀者或學者，柏林則盡可能透過他們熟悉的論證方式進行概念分析，拆解大理論的邏輯，提醒人們理論與現實的落差，另一方面想方設法讓他們看到狐狸眼見的風景——或至少看見另一隻刺蝟所見的世界。

柏林常跟人說，他在二戰結束前一年即有感於自己未來不可能在哲學領域當中做出真正的突破性進展，因此決定轉向思想史研究。[25]許多人當真，於是不看重他的哲學成就。然而，哲學對他來說本來就貴在反思與批判，讓人不盲信、盲從，能藉由檢視價值觀念、思維方式或行為模式的一切，來揭露假象以及各種迂腐、過時的觀念，亦即他所理解的人類痛苦與恐懼之根源！[26]雖然本質上並非一種累積性的學問，但哲學卻足以充當我們在黑暗中尋找出路時的腳下明燈，並重建人類的希望。

柏林終其一生所做的，無非是此一哲學觀之實踐。從早年對邏輯實證論的批判，冷戰時期對雙方陣營的自由概念之分析，以及此後的各種思想史書寫與演講，皆以此為目標。其專注程度，或許讓人想斷定他其實更像刺蝟。但我們也別忘了，根據柏林的界定，狐狸的特性不僅在於同時「追求著許多彼此無關聯，甚至互相矛盾的不同目的」，更在於這些追求——「如果彼此之間有所連結，那也是心理或生理上的因素使然，是一種與道德或美學原則無涉，單純就這麼發生了經驗事實。」關鍵在於心態。能在抽象領域游刃有餘的柏林，不以理論框架來認識這多元繁複的真實世界，而是更願意聚焦於具體存在的人事物。當然，也唯有知識上自謙，實踐上自我克制的人，才願意以此態度面對世界，以同情理解的方式對待異己。[27]正是多元論與自由主義的「事實」（de facto）連結，少了此一自謙與對世界的真正好奇，才導致再嚴謹的邏輯推論也無從說服一個人去認真且平等地看待「他者」。開放心胸才是柏林的自由主義之主要內涵，也是他對自己的讀者以及刺蝟朋友們的唯一期待。價值多元且繁複是他眼中的風景，不斷地從思想史當中提煉出多元價值的圖像，則是他身為狐狸試圖說服刺蝟的具體做法——讓他們看見！

這也是柏林身為一個思想家對世界的政治介入。當然，狐狸與刺蝟會繼續雞同鴨講，但這不過是更加凸顯同情理解的實踐難度，更增添了其重要性。

跋

柏林雖然生前即享負盛名，他終身致力倡議的「價值多元論」（value pluralism）卻是在他於一九九七年辭世前幾年，才開始受學界關注。當時最重要的研究著作，是同樣長年任教於牛津的思想家約翰・葛雷（John Gray），在一九九五年出版的一本專書。

葛雷曾受另一位與柏林齊名的「新自由主義」（Neo-liberalism）思想家海耶克欽點為傳人，竄紅於柴契爾夫人執政時期，為英國保守黨推動國有企業民營化的政策提供論述。他在蘇聯解體之後，開始憂心新自由主義在思想與實踐上逐漸展現的霸權地位，甚至在福山（Francis Fukuyama）高喊「歷史終結」、自由民主與資本主義贏得了意識形態鬥爭的最後勝利之後，轉向柏林尋求對抗這種樂觀主義的思想資源。

柏林在冷戰時期，曾嚴厲批判那些相信歷史有不可違逆的方向，且剛好只有自己才知道往哪裡發展的理論大師，認為他們是缺乏歷史感和現實感的「一元論者」（monist），思維方式如同中世紀那些以上帝之名的法官，把人：「成群地趕去接受宗教審判之後，心滿意足地回家，感覺盡了自己的本分，然後在鼻孔裡還聞得到人肉的燒焦味道時安然入睡……」轉向柏林的葛雷，一方面借用前者的思想批判自己曾倡議的新自由主義，一方面將其價值多元論轉化為一套支持「競技式自由主義」（Agonistic Liberalism）與激進民主的政治理論。

此一轉向，不僅是葛雷個人的轉向，也促成了英國社會科學學界尋求意識形態光譜上左右兩端的中間路線。葛雷一九九五年出版的《新右之外》（*Beyond the New Right*）很快引起學界與政界的注意。隔年，社會學家紀登斯（Anthony Giddens）接受出任倫敦政經學院的邀請時，在記者會上宣布他將聘請葛雷共同打造超越左右的新論述。三年之後，紀登斯發表了他的「第三條路」理論，與葛雷兩人成了英國新工黨的核心智囊。

不意外，葛雷的轉向同時引起了左右兩派人士在報章雜誌對他口誅筆伐，這也讓我第一次拿起柏林的書來翻閱。那時我正在愛丁堡大學讀大三，雖然天天至少逛書店一次，也收藏了兩、三千本書，卻不曾閱讀過柏林。因為，那不對我的胃口！

柏林曾以「狐狸懂的事很多，但刺蝟只懂一件大事」來區分兩種不同的思想家，這分法同樣也適用於讀者。當時我在學術品味上是一隻刺蝟（也許個性上也是！），最愛的是黑格爾和那些提出大理論的哲學家，對於柏林那種缺乏體系的思想史著作興趣缺缺。然而，我開始好奇，想知道葛雷如何改造或挪用柏林的思想來談論現實政治議題，特別是如何將那一篇篇看來像雜文的書寫，重建成一套系統性理論。

大學畢業後，我進入倫敦政經學院哲學研究所。一入學才發現，原先紀登斯邀請葛雷去接任政府系講座教授的事，被空出位子來的巴利（Brian Barry）給否決了。巴利是自由主義左派的代表人物，喜歡拿自己比擬約翰・彌爾。在他眼中，從右轉左的葛雷是個假左，骨子裡是個騎牆分子！因此，即便他決定轉任美國哥倫比亞大學，仍硬是把人擋在門外。最後紀登斯在歐洲研究所另設了一個「歐洲思想講座教授」職位給葛雷，並承諾等巴利離開五年後，讓他決定是否轉系。

這是筆者對英國頂尖學者政治鬥爭的初次認識。但真正使我詫異的是，原來一位自詡為正統自由主義者、高舉寬容精神的人，竟可如此悍然地對待一個改宗的人。當然，英國知識份子向來都是左派，右派的確是異端，但我從不知道，原來從右轉左的人自此將帶著原罪！

第一學期進入尾聲時，葛雷教授鼓勵我讀博士，但他考量到兩年後將大休，所以問我是否願意過去牛津，跟隨柏林的大弟子、分析馬克思主義者科恩（G. A. Cohen）以及另一位主要的價值多元論倡議者、法政哲學家拉茲（Joseph Raz）讀博士，而他本人可以就近擔任我的校外指導。我很矯情地說：「我來就是為了跟你！」於是他幫我安排了人正好在學校訪問的社會理論家路克斯（Steven Lukes），擔任我的第二指導教授。

事實上，路克斯是葛雷當年在牛津的指導教授，且擔任過威爾・金里卡（Will Kymlicka）和邁可・桑德爾（Michael Sandel）的導師，三十多歲就以《權力：基進觀點》（*Power: A Radical View*）一書和涂爾幹研究享譽國際，前者無疑是柏林「自由的兩個概念」演說之後，最出色的單一政治概念分析。兩天後，路克斯第一次見我就劈頭問道：「你想研究什麼？議題還是思想家？」我回答：「約翰・彌爾或羅爾斯吧！但也對歐克秀或羅蒂（Richard Rorty）有興趣。」於是他說：「羅蒂不值得，真正值得的是拉斯基（Harold Laski），但你研究柏林吧！你也知道我的詮釋跟葛雷不同，你剛好來做個評斷。」

這是我走向柏林研究（一分鐘被決定）的過程，然後開始了維持十八年的學術關懷。

路克斯接著跟我說，其實他最欣賞的學術朋友是羅爾斯和哈伯瑪斯，但最在意的議題卻是柏林的價值多元論意味的理論與現實挑戰。能在德、法、義等國使用當地語言教學和演講的他，以啟蒙運動者自居的他，認為柏林其實心理上是他的同路人，而非葛雷理解的反啟蒙運動者。如果不是，那柏林的思想將陷入相對主義，甚至自我矛盾！

直到現在，我仍感謝路克斯當時的建議：絕不可把博士研究與終身的學術關懷混為一談。前者不過是必須在三、四年內完成的一個議題，首要考慮的是能否順利完成，所以，以人為主題相對保險；若針對議題，將會沒完沒了地永遠不知道什麼時候該停，或該開始寫！但是，選人也必須選取一個處理起來具有延續發展可能的人，才能在日後以博士論文為基礎，展開屬於你自己願意委身一輩子的研究計畫。

我更感激的是葛雷對我的包容與鼓勵，特別是他對我的告誡：「走你自己的路，若能提出與我相左的詮釋，甚至批判我，那更好！」我們有兩年的時間經常見面，最頻繁的時候幾乎每兩星期一次，每一次討論完我的論文草稿後，他會跟我談文學、聊電影與人生，偶爾也會模仿柏林說話的口音和神情來跟我對話，讓我更能體會柏林可能的神情與性格。

當然，讀者將會發現我既不同意葛雷也不接受路克斯的詮釋，本書是我自己對於柏林的理解，是否接受本書的切入方式與詮釋，留給讀者自行去判斷。

最後，筆者想藉此機會感謝科技部的計畫補助（102-2410-H-004-136-MY3），以及「頂尖大學策略聯盟」的訪問學者計畫，讓筆者能暫別教學到美國哈佛大學進行為期一學年（二〇一五－二〇一六）的訪問。沒有這些補助與暫別教學的那一年，本書不可能完成，僅此一併致謝！

注釋

第一章

❶ 亨利．梭羅著，《我所嚮往的生活》，台北，商周出版，二〇一五，頁五四。

❷ Adam Swift, *Political Philosophy: A Beginner's Guide for Students and Politicians* (3rd ed.) (Oxford: Oxford University Press, 2013), p.57.

❸ Isaiah Berlin, *Four Essays on Liberty* (Oxford: Oxford University Press, 1969);《自由四論》，台北：聯經出版社，一九八六。

❹ Michael Ignatieff, *Isaiah Berlin: A Life* (London: Chatto & Windus, 1998);《自由主義思想大師：以撒．柏林傳》，台北：立緒，二〇〇三。

❺ David Brooks, *The Road to Character* (New York: Random House, 2016), pp.168-74; 大衛．布魯克斯著，《品格：履歷表與追悼文的抉擇》，台北，天下文化，二〇一六，第七章。

❻ George Crowder, *Isaiah Berlin* (Cambridge: Polity, 2004), pp.44-51.

❼ Isaiah Berlin and Ramin Jahanbegloo, *Recollections of a Historian of Ideas: Conversations with Isaiah Berlin* (New York: Charles Scribner's Sons), pp.13-4; 關於柏林的反對理由，參閱Isaiah Berlin, *Concepts and Categories* (London: Pimlico, 1999), Ch.2, 3, 4.

❽ Isaiah Berlin, *Four Essays on Liberty*, p.xxxix.

⑨ ibid., xlv.

⑩ 參閱湯姆・賓漢（Tom Bingham）著，《法治：英國首席大法官如是說》，香港，香港商務印書館，二〇一三。

第二章

① Isaiah Berlin, *Four Essays on Liberty*, p.131.

② Ibid., p.121.

③ Isaiah Berlin, *Liberty* (Oxford: Oxford University Press, 2002), p.253.

④ Isaiah Berlin, *Four Essays on Liberty*, p.135.

⑤ ibid., p.139.

⑥ 參閱漢娜・鄂蘭著，《平凡的邪惡》，台北，玉山社，二〇一三。

⑦ Isaiah Berlin, *Four Essays on Liberty*, p.139.

⑧ ibid., p.134.

⑨ ibid., p.172.

⑩ ibid., p.144.

⑪ ibid., p.134.

⑫ 尼采，《論道德的系譜：一本論戰著作》，台北，大家出版社，二〇一七。

第三章

① Ibid., p.lvi.

② Isaiah Berlin, *Four Essays on Liberty*, p.133-4.

③ 該系列講座的講稿，已於二〇〇二年正式出版為Isaiah Berlin, *Freedom and its Betrayal* (London: Chatto & Windus).

❹ George Crowder, *Isaiah Berlin* (Cambridge: Polity, 2004), pp.56-63.

❺ Jean-Jacques Rousseau, *The Social Contract*, (Oxford: Oxford University Press, 1994), p.58.

❻ Isaiah Berlin, *Freedom and its Betrayal*, pp.36, 46-47.

❼ 美國史上最偉大的政治思想家羅爾斯 (John Rawls, 1921-2002)亦是當代的代表，其出版於一九七一年的《正義論》(*A Theory of Justice*)就是採取典型的社會契約論證方式。

❽ 喬治．歐威爾，《一九八四》，台北，遠流出版社，二〇一二。

❾ Isaiah Berlin, *Four Essays on Liberty*, p.136.

❿ ibid., p.134.

⓫ ibid., p.134.

⓬ Isaiah Berlin, *Freedom and its Betrayal*, p.85.

⓭ ibid., p.74.

⓮ ibid., p.88.

第四章

❶ 尼采的未出版筆記，引自Anthony K. Jensen, *Nietzsche's Philosophy of History* (Cambridge: Cambridge University Press, 2015), p.157.

❷ Isaiah Berlin, *The Power of Ideas* (London: Pmlico, 2000), p.65.

❸ Isaiah Berlin, *Three Critics of Enlightenment* (London: Pimlico, 2000); "The Counter-Enlightenment", in *The Proper Study of Mankind* (London: Vintage Books, 1997).

❹ Zeev Sternhell, *The Anti-Enlightenment Tradition* (London: Yale University Press, 2009), p.3.

❺ Isaiah Berlin, "The Philosophers of the Enlightenment" in *The Power of Ideas* (London:

Pimlico, 2001).

❻ Isaiah Berlin, "Alleged Relativism in Eighteenth-Century European Thought" in *The Crooked Timber of Humanity* (London: Fontana Press, 1991); 參閱George Crowder, *Isaiah Berlin: Liberty and Pluralism* (Cambridge: Polity,2004), p.97。

❼ Isaiah Berlin, *Three Critics of Enlightenment*, p.21.

❽ Isaiah Berlin, "Vico's Theory of Knowledge and its Sources" in *Three Critics of Enlightenment*; "One of the Boldest Innovators in the History of Human Thought" in *The Power of Ideas*.

❾ Isaiah Berlin, "Giambattista Vico and Cultural History" in *The Crooked Timber of Humanity*, p. 62-4; *The Power of Ideas*., p.60; *Three Critics of Enlightenment*, p.49.

❿ Isaiah Berlin, *Three Critics of Enlightenment*, pp.106-9.

⓫ Isaiah Berlin, "One of the Boldest Innovators in the History of Human Thought" in *The Power of Ideas*, p.57.

⓬ Ibid., p.47.

⓭ C. P. Snow, *The Two Cultures* (Cambridge: Cambridge University Press, 1959).

⓮ Giambattista Vico, *New Science* (3rd ed.)(London: Penguin Classics, 2000).

⓯ 本文僅聚焦於柏林個人的理解之上，關於維科的神學思想，請參閱John Milbank, *The Religious Dimensions in the Thought of Giambattista Vico*, 1668-1744 (Wales: Edwin Mellen Press, 1991)。

⓰ Isaiah Berlin, *The Power of Ideas*., p.57.

⓱ 參閱Donald Phillip Verene, Vico's New Science: A Philosophical Commentary (New York: Cornell University Press, 2015), pp.107-168。

⓲ Isaiah Berlin, "The Divorce between the Sciences and the Humanities" in *The Proper Study of Mankind* (London: Vintage Books, 1997).

⓳ Isaiah Berlin, "My Intellectual Path" in *The Power of Ideas*., pp.5-6.

⓴ Isaiah Berlin, "The Pursuit of the Ideal" in *The Crooked Timber of Humanity*, p.6.

㉑ Isaiah Berlin, "One of the Boldest Innovators in the History of Human Thought" in *The Power of Ideas*, p.58.

㉒ ibid.

㉓ Isaiah Berlin, "The Philosophers of the Enlightenment:" Introduction to his *The Age of Enlightenment: The Eighteenth-Century Philosophers* (New York: New American Library, 1956), p.29.

㉔ 參閱Roy Porter, *Enlightenment: Britain and the Creation of the Modern World* (London: Penguin, 2001); Gertrude Himmelfarb, *The Roads to Modernity: The British, French and American Enlightenments* (London: Vintage, 2007)。

第五章

❶ Isaiah Berlin, "The Counter-Enlightenment" in *Against the Current* (London: Hogarth, 1979), p.12.

❷ Isaiah Berlin, "My Intellectual Path" in *The Power of Ideas*., pp.1-23.

❸ 參閱Timothy Brennan, *Borrowed Light: Vico, Hegel and the Colonies* (Stanford, C.A.: Stanford University Press, 2014)。

❹ 參閱Isaiah Berlin, "Hume and the Sources of German Anti-Rationalism" in *Against the Current*, pp.162-187。

❺ Ibid., p.176.

❻ ibid., pp.171-79.

❼ Ibid., pp.165-7.

❽ Ibid.

❾ *Three Critics of Enlightenment*, pp.175-6; 180-3; 204-11.

❿ 參閱Charles Taylor, "The Importance of Herder" in Edna Ullmann-Margalit and Avishai Margalit eds., *Isaiah Berlin: A Celebration*, pp.40-63。

⓫ *Three Critics of Enlightenment*, pp.205-6.

⓬ ibid., p.238.

⓭ ibid., pp.211, 197, 236.

⓮ 關於赫爾德的神學思想，參閱Marcia J. Bunge, "Introduction" to Johann Gottfried Herder, *Against Pure Reason: Writings on Religion, Language, and History* (Minneapolis, M.N.: Fortress Press, 1992)。

⓯ *Three Critics of Enlightenment*, pp.213-8; 233-9.

⓰ 參閱曾國祥，《主體危機與理性批判——自由主義的保守詮釋》，高雄，巨流出版社，二〇〇九，頁一二一—一六一。

⓱ 參閱Isaiah Berlin, *The Roots of Romanticism* (Princeton, N.J.: Princeton University Press, 1999), pp.80-87。

⓲ Ibid., pp.81-3.

⓳ 這是英國哲學家Gilbert Ryle (1900-1976)在他的名著*The Concept of Mind*（Chicago: The University of Chicago Press, 1949）一書當中所提出的概念。

⓴ *The Roots of Romanticism*, p.84.

㉑ Isaiah Berlin, "Kant as an Unfamiliar Source of Nationalism" in *The Sense of Reality* (London: Chatto & Windus, 1996), pp.232-248.

㉒ ibid., p.236.

第六章

❶ Isaiah Berlin, “The Counter-Enlightenment” in *Against the Current* (London: Hogarth, 1979), p.22.

❷ Isaiah Berlin, “The Bent Twig: On the Rise of Nationalism” in *The Crooked Timber of Humanity* (London: Fontana Press, 1991), p.248.

❸ ibid., pp.240-241.

❹ Isaiah Berlin, “Joseph de Maistre and the Origins of Fascism” in *The Crooked Timber of Humanity* (London: Fontana Press, 1991), pp.91-174; *Freedom and its Betrayal*, (London: Chatto & Windus).p.130.

❺ *The Crooked Timber of Humanity*, p.140-1.

❻ ibid., p.142.

❼ ibid., p.144.

❽ ibid., p.160.

❾ ibid., p.220;

❿ Isaiah Berlin, *The Roots of Romanticism*, p.93.

⓫ ibid., pp.91-2.

⓬ ibid., p.104.

⓭ ibid., p.102.

⓮ ibid., p.108.

⓯ ibid., p.109-112.

⓰ ibid., p.110.

⓱ *Freedom and its Betrayal*, p.72.

⓲ *The Crooked Timber of Humanity*, p.246.
⓳ ibid., p.223.
⓴ *Freedom and its Betrayal*, pp.26, 130.
㉑ *The Crooked Timber of Humanity*, pp.158-60
㉒ ibid., p.158-9.

第七章

❶ Isaiah Berlin, *Four Essays on Liberty*, p.167.
❷ ibid., p.154.
❸ ibid., p.171.
❹ ibid., p.171.
❺ Isaiah Berlin, *Karl Marx: His Life and Environment* (4th ed.)(London: Fontana Press, 1995), p.11.
❻ ibid., p.15.
❼ ibid., p.108.
❽ Isaiah Berlin, "The Sense of Reality" in *The Sense of Reality: Studies in Ideas and their History* (London: Pimlico, 1997), pp.1-39.
❾ *Karl Marx*, p.39.
❿ ibid., pp.41-45; 93-95; 99.
⓫ ibid., p.113.
⓬ ibid., p.36.
⓭ ibid., pp.103; 114-115.
⓮ ibid., p.115-116.

⓯ ibid., p.103; *The Sense of Reality*, pp.108, 140

⓰ Ibid., pp.115-6.

⓱ ibid., pp.7; 14.

⓲ Ibid., p.113.

⓳ ibid., p.114.

⓴ Ibid., p.188.

㉑ ibid., p.189.

㉒ *The Sense of Reality*, p.117.

㉓ 參閱Isaiah Berlin, "Socialism and Socialist Theories" in *The Sense of Reality*, pp.77-115。

㉔ 參閱Isaiah Berlin, "Marxism and the International in Nineteenth Century" in *The Sense of Reality*, pp.116-167。

㉕ *Four Essays on Liberty*, p.167.

㉖ Isaiah Berlin, *The Soviet Mind: Russian Culture under Communism* (Washington, D.C.: Brookings Institution Press, 2016), p. 107.

㉗ *Karl Marx*, p.103.

第八章

❶ 引自Isaiah Berlin, *Four Essays on Liberty*, p.200-1。

❷ 參閱John Gray, "On the Contestability of Social and Political Concepts" in *Political Theory*, Vol. 5. No.3 (August ,1977), pp.331-348。

❸ *Four Essays on Liberty*, pp.148, 161, 167.

❹ ibid., pp.130, 171; *The Crooked Timber of Humanity*, p.75.

❺ ibid., p.169.

❻ Bernard Williams, "Introduction" in *Concepts and Categories*, p.xvi.

❼ *Four Essays on Liberty*, p.169.

❽ George Crowder, "Pluralism and Liberalism" in *Political Studies* 42 (1994), pp.293-305.

❾ Isaiah Berlin & Bernard Williams, "Pluralism and Liberalism: A Reply" in *Political Studies* 42 (1994), pp.306-9.

❿ 參閱*The Crooked Timber of Humanity*, p.18。

⓫ ibid., p.11; *Four Essays on Liberty*, p.155.

⓬ *The Proper Study of Mankind*, p.430.

⓭ Isaiah Berlin, *Political Ideas in the Romantic Age* (Princeton, N.J.: Princeton University Press, 2014), p.45; 關於柏林的「類經驗性」概念，參閱Yael Tamir, "Whose History? What Ideas?" in Edna Ullmann-Margalit and Avishai Margalit eds., *Isaiah Berlin: A Celebration* (Chicago: The University of Chicago Press,1991), pp.146-159。

⓮ *The Crooked Timber of Humanity*, p.204;參閱Richard Wollheim, "The Idea of a Common Human Nature" in *Isaiah Berlin: A Celebration*, pp.64-79。

⓯ *The Crooked Timber of Humanity*, pp.11, 80.

⓰ 參閱John Rawls, *A Theory of Justice* (rev. ed.)(Cambridge, M.A.: Harvard University Press, 1999), p.340; *Political Liberalism* (New York: Columbia University Press,), pp.134-49。

第九章

❶ Joseph A. Schumpeter, *Capitalism, Socialism, and Democracy* (London: G. Allen & Unwin Ltd, 1943), p.243.

❷ 除了柏林之外，價值多元論最主要的倡議者為Joseph Raz與John Gray。參閱Joseph

Raz, *The Morality of Freedom* (Oxford: Oxford University Press, 1988), *The Practice of Value* (Oxford: Oxford University Press, 2005); John Gray, *Two Faces of Liberalism* (Cambridge: Polity Press, 2000)。

❸ Ronald Dworkin, *The Sovereign Virtue* (Cambridge, M.A.: Harvard University Press, 2002).

❹ 參閱Jeremy Bentham, *Utilitarianism and Other Essays* (London: Penguin, 1987); 參閱John Stuart Mill, *On Liberty, Utilitarianism and Other Essays* (Oxford: Oxford University Press, 2015)。

❺ 參閱Gene Outka, *Agape: An Ethical Analysis* (New Haven: Yale University Press, 1977); Timothy P. Jackson, *The Priority of Love* (Princeton, N.J.: Princeton University Press, 2009), *Political Agape: Christian Love and Liberal Democracy* (Cambridge: Eerdmans Press, 2015)。

❻ *Four Essays on Liberty*, pp.49; 125。原文來自Joseph Butler, *Fifteen Sermons Preached at the Rolls Chapel* (2nd ed.)(London, 1729), preface xxix.

❼ *The Proper Study of Mankind*, p.16.

❽ *Four Essays on Liberty*, pp.39-40.

❾ "Twentieth Century Political Ideas" in *Four Essays on Liberty*, pp.1-40.

❿ "Alleged Relativism in Eighteenth-Century European Thought" in *The Crooked Timber of Humanity*, pp.70-90.

⓫ *Four Essays on Liberty*, pp.126; 166.

⓬ *The Crooked Timber of Humanity*, p.18.

⓭ ibid., p.19.

⓮ *Four Essays on Liberty*, p.125.

第十章

❶ 引自Isaiah Berlin, *Russian Thinkers*, (London: Penguin Books, 1994), p.22.

❷ ibid.

❸ Michael Ignatieff, *Isaiah Berlin: A Life*, pp.273, 289.

❹ 李歐梵，《狐狸洞話語》，香港，牛津大學出版社，一九九三。

❺ John Gray, *Postliberalism* (London: Routledge, 1993), pp.64-69; 320-26.

❻ John Gray, *Enlightenment's Wake* (London: Routledge, 1995), pp.64-86.

❼ John Gray, *Two Faces of Liberalism*.

❽ Geoge Crowder, "Pluralism and Liberalism" in *Political Studies XLII*, pp.293-305.

❾ George Crowder, *Liberalism and Value Pluralism* (London: Continuum, 2002), pp.185-216.

❿ George Crowder, "Pluralism and Liberalism", pp.298-9; 柏林的原文出自*Four Essays on Liberty*, p.171.

⓫ *Four Essays on Liberty*, p.168.

⓬ George Crowder, "Pluralism and Liberalism", pp.297-8.

⓭ Steven Lukes, "Making Sense of Moral Conflicts" in Nancy L. Rosenblum (ed.), *Liberalism and the Moral Life* (Cambridge, M.A.: Harvard University Press, 1989), pp.127-42.

⓮ *Four Essays on Liberty*, p.39.

⓯ ibid., p.40. 粗體為筆者自己的強調。

⓰ Philip Pettit, *Republicanism: A Theory of Freedom and Government* (Oxford: Oxford University Press, 1997).

⓱ *Four Essays on Liberty*, pp.161-2.

⓲ ibid., p.162.

⑲ John Gray, *Two Faces of Liberalism*, pp.132-3.參閱Thomas Hobbes, *Leviathan*, 1651, Chapter XIII。

⑳ John Locke, *A Letter Concerning Toleration*, 1689 .

㉑ John Stuart Mill, *On Liberty*, 1859.

㉒ 參閱John Gray, *Hayek on Liberty* (3rd ed.)(London: Routledge, 1998); David Harvey, *A Brief History of Neoliberalism* (Oxford: Oxford University, 2007)。

㉓ 參閱*Four Essays on Liberty*, pp.173-206; John Gray, *Mill on Liberty: A Defence* (2nd ed.) (London: Routledge, 1996),pp.141-4; 葉浩，〈生活試驗與帝國主義：約漢彌爾的國際政治思想之再詮釋〉，《台灣政治學刊》18:1期，二〇一四，頁二三七－二六六; Alan Ryan, "Isaiah Berlin, J. S. Mill, and Progress" in Laurence Brockliss and Ritchie Robertson (eds.), *Isaiah Berlin and the Enlightenment*, (Oxford: Oxford University Press, 2016), pp.121-134。

㉔ *Four Essays on Liberty*, p.190.

㉕ Michael Ignatieff, *Isaiah Berlin: A Life*, pp.130-1.

㉖ *Concepts and Categories*, pp.10-11.

㉗ 參閱葉浩，〈價值多元論與自由主義——兼論柏林的政治理論方法論〉，《政治與社會哲學評論》，二〇一一，第三十九期，頁五九－一一三。

著作及引用書目

中文

大衛．布魯克斯，《品格：履歷表與追悼文的抉擇》，台北，天下文化，二〇一六年。

尼采，《論道德的系譜：一本論戰著作》，台北，大家出版，二〇一七年。

葉禮廷，《自由主義大師：以撒．柏林傳》，台北，立緒文化，二〇〇三年。

亨利．梭羅，《我所嚮往的生活》，台北，商周出版，二〇一五年。

李歐梵，《狐狸洞話語》，香港，牛津大學出版社，一九九三年。

柏林，《自由四論》，台北，聯經出版，一九八六年。

喬治．歐威爾，《一九八四》，台北，遠流出版，二〇一二年。

曾國祥，《主體危機與理性批判——自由主義的保守詮釋》，高雄，巨流出版社，二〇〇九年。

湯姆．賓漢，《法治：英國首席大法官如是說》，香港，香港商務印書館，二〇一三年。

漢娜．鄂蘭，《平凡的邪惡》，台北，玉山社，二〇一三年。

葉浩，〈生活試驗與帝國主義：約漢彌爾的國際政治思想之再詮釋〉，《台灣政治學刊》18:1期，二〇一四年，頁二二七－二六六。

——〈價值多元論與自由主義——兼論柏林的政治理論方法論〉，《政治與社會哲學評論》，二〇一一年，第三十九期，頁五九－一一三。

英文

Alan Ryan, "Isaiah Berlin, J. S. Mill, and Progress" in Laurence Brockliss and Ritchie Robertson (eds.), *Isaiah Berlin and the Enlightenment*, (Oxford: Oxford University Press, 2016).

Adam Swift, *Political Philosophy: A Beginner's Guide for Students and Politicians* (3rd ed.) (Oxford: Oxford University Press, 2013).

Anthony K. Jensen, *Nietzsche's Philosophy of History* (Cambridge: Cambridge University Press, 2015).

C. P. Snow, *The Two Cultures* (Cambridge: Cambridge University Press, 1959).

David Harvey, *A Brief History of Neoliberalism* (Oxford: Oxford University, 2007).

Donald Phillip Verene, *Vico's New Science: A Philosophical Commentary* (New York: Cornell University Press, 2015).

Edna Ullmann-Margalit and Avishai Margalit eds., *Isaiah Berlin: A Celebration* (Chicago: The University of Chicago Press,1991).

Four Essays on Liberty, pp.173-206; John Gray, *Mill on Liberty: A Defence* (2nd ed.) (London: Routledge, 1996).

Gene Outka, *Agape: An Ethical Analysis* (New Haven: Yale University Press, 1977).

George Crowder, "Pluralism and Liberalism" in *Political Studies* 42 (1994), pp.293-305.

George Crowder, *Isaiah Berlin* (Cambridge: Polity, 2004).

—— *Isaiah Berlin* (Cambridge: Polity, 2004).

—— *Isaiah Berlin: Liberty and Pluralism* (Cambridge: Polity, 2004).

—— *Liberalism and Value Pluralism* (London: Continuum, 2002).

Giambattista Vico, *New Science* (3rd ed.)(London: Penguin Classics, 2000).

Isaiah Berlin & Bernard Williams, "Pluralism and Liberalism: A Reply" in *Political Studies* 42 (1994), pp.306-9.

Isaiah Berlin and Ramin Jahanbegloo, *Recollections of a Historian of Ideas: Conversations with Isaiah Berlin* (New York: Charles Scribner's Sons).

Isaiah Berlin, *The Crooked Timber of Humanity* (London: Fontana Press, 1991).

——*The Sense of Reality* (Lodnon: Chatto & Windus, 1996).

——*Against the Current* (London: Hogarth, 1979).

——*The Proper Study of Mankind* (London: Vintage Books, 1997).

——*The Age of Enlightenment: The Eighteenth-Century Philosophers* (New York: New American Library, 1956).

——*The Power of Ideas* (London: Pimlico, 2001).

——*Concepts and Categories* (London: Pimlico, 1999).

——*Freedom and its Betrayal* (London: Chatto & Windus).

——*Karl Marx: His Life and Environment* (4th ed.)(London: Fontana Press, 1995)

——*Liberty* (Oxford: Oxford University Press, 2002).

——*Political Ideas in the Romantic Age* (Princeton, N.J.: Princeton University Press, 2014).

——*Russian Thinkers*, (London: Penguin Books, 1994).

——*The Roots of Romanticism* (Princeton, N.J.: Princeton University Press, 1999)

——*The Soviet Mind: Russian Culture under Communism* (Washington, D.C.: Brookings Institution Press, 2016).

——*Three Critics of Enlightenment* (London: Pimlico, 2000).

Jean-Jacques Rousseau, *The Social Contract*, (Oxford: Oxford University Press, 1994).

Jeremy Bentham, *Utilitarianism and Other Essays* (London: Penguin, 1987).

John Gray, "On the Contestability of Social and Political Concepts" in *Political Theory*, Vol. 5. No.3 (August ,1977).

John Gray, *Enlightenment's Wake* (London: Routledge, 1995).

——*Hayek on Liberty* (3rd ed.)(London: Routledge, 1998).

——*Two Faces of Liberalism* (Cambridge: Polity Press, 2000).

——*A Letter Concerning Toleration*, 1689 .

John Milbank, *The Religious Dimensions in the Thought of Giambattista Vico*, 1668-1744 (Wales: Edwin Mellen Press, 1991).

John Rawls, *A Theory of Justice* (rev. ed.)(Cambridge, M.A.: Harvard University Press, 1999).

——*Political Liberalism* (New York: Columbia University Press).

John Stuart Mill, *On Liberty, Utilitarianism and Other Essays* (Oxford: Oxford University Press, 2015).

Joseph A. Schumpeter, *Capitalism, Socialism, and Democracy* (London: G. Allen & Unwin Ltd, 1943).

Joseph Butler, *Fifteen Sermons Preached at the Rolls Chapel* (2nd ed.)(London, 1729).

Joseph Raz, *The Morality of Freedom* (Oxford: Oxford University Press, 1988).

——*The Practice of Value* (Oxford: Oxford University Press, 2005).

Marcia J. Bunge, "Introduction" to Johann Gottfried Herder, *Against Pure Reason: Writings on Religion, Language, and History* (Minneapolis, M.N.: Fortress Press,

1992).

Philip Pettit, *Republicanism: A Theory of Freedom and Government* (Oxford: Oxford University Press, 1997).

Ronald Dworkin, *The Sovereign Virtue* (Cambridge, M.A.: Harvard University Press, 2002).

Roy Porter, *Enlightenment: Britain and the Creation of the Modern World* (London: Penguin, 2001); Gertrude Himmelfarb, *The Roads to Modernity: The British, French and American Enlightenments* (London: Vintage, 2007).

Steven Lukes, "Making Sense of Moral Conflicts" in Nancy L. Rosenblum (ed.), *Liberalism and the Moral Life* (Cambridge, M.A.: Harvard University Press, 1989)

Timothy Brennan, *Borrowed Light: Vico, Hegel and the Colonies* (Stanford, C.A.: Stanford University Press, 2014).

——*Political Agape: Christian Love and Liberal Democracy* (Cambridge: Eerdmans Press, 2015).

——*The Priority of Love* (Princeton, N.J.: Princeton University Press, 2009).

Zeev Sternhell, *The Anti-Enlightenment Tradition* (London: Yale University Press).

Wings

以撒・柏林

2018年12月初版 定價：新臺幣290元

著者	葉浩
叢書編輯	黃淑真
校對	馬文穎
內文排版	林婕瀅
封面設計	兒日
編輯主任	陳逸華

出版者	聯經出版事業股份有限公司	總編輯	胡金倫
地址	新北市汐止區大同路一段369號1樓	總經理	陳芝宇
編輯部地址	新北市汐止區大同路一段369號1樓	社長	羅國俊
叢書編輯電話	(02)86925588轉5322	發行人	林載爵
台北聯經書房	台北市新生南路三段94號		
電話	(02)23620308		
台中分公司	台中市北區崇德路一段198號		
暨門市電話	(04)22312023		
台中電子信箱	e-mail：linking2@ms42.hinet.net		
郵政劃撥帳戶第0100559-3號			
郵撥電話	(02)23620308		
印刷者	世和印製企業有限公司		
總經銷	聯合發行股份有限公司		
發行所	新北市新店區寶橋路235巷6弄6號2樓		
電話	(02)29178022		

行政院新聞局出版事業登記證局版臺業字第0130號

本書如有缺頁，破損，倒裝請寄回台北聯經書房更換。 ISBN 978-957-08-5223-3 (平裝)
電子信箱：linking@udngroup.com

國家圖書館出版品預行編目資料

以撒・柏林/葉浩著．初版．新北市．聯經．2018年12月
（民107年）．240面．14×21公分（Wings）
ISBN 978-957-08-5223-3（平裝）

1.柏林（Berlin, Sir Isaiah, 1909-1997）
2.學術思想 3.政治思想

570.9408 107019909